조곤조곤

생태정의 이야기

지속가능한 세상을 위한 청소년 시리즈 07

조곤조곤 생태정의 이야기

초판 1쇄	2023년 10월 27일
지은이	박병상
편집	김영미
디자인	design KAZ
제작	공간
펴낸곳	이상북스
출판등록	제313-2009-7호(2009년 1월 13일)
주소	10546 경기도 고양시 덕양구 향기로 30, 106-1004
전화번호	02-6082-2562
팩스	02-3144-2562
이메일	klaff@hanmail.net
ISBN	979-11-980260-5-7 43300

이상북스

박병상 지음

조곤조곤
생태정의 이야기

'생태정의'로 기후위기를 극복해요!

모기는 물지 않아요. 찌른답니다. 가늘고 긴 주둥이에 찔린 사람은 그 순간을 모르고 지나가지만, 찔린 자리가 두고두고 가렵죠. 모기가 나타나면 보건당국은 소독에 나서면서 사람들에게 조심하라고 이릅니다. 질병을 옮길 수 있기 때문이라는데, 사실 모기에 찔렸다는 이유로 병원을 찾는 사람은 드물어요. 질병에 걸릴까 걱정하기보다 가렵게 만드니 짜증이 나겠죠. 그러므로 모기를 없애야 할까요? 모기가 보이지 않자 우리를 즐겁게 하던 생물과 이야기도 까마득해집니다.

얼마 전까지 DDT라는 살충제가 있었어요. 개발한 회사가 해충만 없앤다고 광고했기에 안심하고 뿌렸는데, 나중에 문제가 생졌죠. 1950년대 중반, 인도네시아에서는 말라리아를 옮기는 모기를 없애려고 초가집에 DDT를 뿌렸어요. 모기는 사라졌는데 나방은 살아남았고 지붕 여기저기에 알을 낳았죠. 알에서 나온 애벌레에게도 DDT가 묻었겠죠. 그 애벌레를 잡아먹은 도마뱀의 동작이 느려졌어요. 그리고 고양이의 쉬운 먹이가 되었지요. 그러자 고양이가 죽고 쥐가 늘어나는 거예요. 거기에 그치지 않았어요. 도마뱀이 사라지자 애벌레들이 나무를 마구 갉아 그만 지붕이 풀썩 주저앉고 말았습니다. 비슷한 이야기는 많아요.

생태와 사회적 다양성의 가치

화석연료 과소비가 만든 기후변화는 최근 지구 곳곳에서 더욱 자주 기상이변으로 인한 화재와 폭염과 폭우, 쓰나미를 일으킵니다. 사람과 동식물이 전에 없던 환경을 갑자기 만나는 것이죠. 이 책에서 자주 이야기할 텐데, 다양성을 잃은 농작물과 가축은 갑자기 바뀐 환경에서 제대로 살아갈 수 없어요. 잘 성장하지 못하거나 쉽게 병에 걸리죠. 기후변화가 심해지면 한두 가지 농작물을 대규모로 짓는 농업은 지속될 수 없습니다. 농작물이 바뀐 환경을 견디지 못할 수 있으니까요.

사람이 사는 사회도 비슷해요. 모든 학생이 한두 가지 직업만 선택하려 경쟁한다고 생각해 봅시다. 치열한 경쟁으로 사회는 불안해지고, 나아가 존립 자체가 위태로워질 거예요. 사회는 다양한 사람들이 곳곳에서 다양한 일을 하면서 운영되고 유지되는 것이니까요. 경쟁이 치열할수록 마음 나눌 이웃 하나 찾기 어려워지겠지요. 다행히 사람들은 각자 원하거나 하고 싶은 일이 똑같지 않아요. 다양한 일을 하는 사람들이 서로 돕고 사는 셈이죠.

기상이변이 점점 심해지는 지금 우리는 생태계와 사회적 다양성의 가치를 깊이 이해해야 합니다. 다양성은 미래세대의 생존을 위해 반드시 유지되어야 하기 때문이에요. 다양성은 생태정의로 완성될 수 있습니다. 생태정의는 무엇이고, 우리는 어떻게 생태정의를 찾아야 할까요?

다양성을 배려하는 삶

저는 생태정의가 어느 정도 살아 있을 때 태어나 어느새 60대 중반을 넘어가는 나이가 되었습니다. 경쟁에서 승리하려고 애를 쓰고 경제성장을 위해 화석연료를 거침없이 소비하던 시절, 제가 젊었을 때를 새삼 되돌아봅니다. 선진국을 향해 나아가며 젊음을 불태웠고, 드디어 우리나라가 선진국이 되었다는데, 그리 행복하지 않습니다. 생태계는 허약해졌고요.

화석연료를 아낌없이 소비하며 이룬 경제성장이 미래세대를 위한 토대가 되리라 여겼는데, 이기적 욕망이었다는 걸 나중에 깨닫고 말았습니다. 후회스러운 경험을 되짚으며 이제라도 미래세대에 행복을 안내하고 싶습니다. 다양성을 배려하는 삶을 회복하는 일입니다. 생태정의를 되찾는 행동이고요.

생태학과 사회학을 공부하지 않은 청소년에게 생태정의를 설명하는 건 쉽지 않았어요. 생태정의는 생물학보다 인문학과 사회학 개념에 가까우니 과학으로 풀이할 수 없어요. 이 책의 1장에서는 먼저 생태정의가 무엇인지 인문적으로 해석해 보았습니다. 생태계와 사회에서 다양성과 개성이 중요한 까닭을 살펴보고, 다양성과 개성이 파괴되거나 무시된 생태계와 사회에서 나타나는 위기와 재난을 되새겨 보려고 했습니다. 읽어 나가면서 자연스럽게 생태정의 개념을 익히리라 생각합니다.

분별없는 개발로 생태계가 무참하게 훼손되었지요. 돈벌이를 위한 효율화는 생태계의 다양성뿐 아니라 우리의 생각까지 단조롭게 만들었습니다. 생태정의가 무시된 거예요. 인류의 생존 기반인 생태계가 어떻게 파탄이 났는지, 2장에서 살펴보았습니다. 누가 뭐라고 해도 생명체인 인간은 먹어야 생존합니다. 하지만 먹을 거리의 다채로움마저 지나친 효율화로 단순해졌지요. 그 실상을 3장에서 살펴보고, 어떤 대안을 찾아야 하는지 4장에서 모색해 보았습니다. 상식처럼 주입된 경제성장과 개발과 발전이 미래세대의 생존에 어떻게 부정적인 영향을 주었는지 살펴보고, 청소년에게 자유로운 상상력과 행동을 권했습니다.

이 책은 정답을 이야기하지 않아요. 주입된 상식에서 벗어나 자연과 우리 삶이 다채로운 만큼 다양한 생각의 길로 뻗어 나가기를 바랍니다. 생태정의를 바탕으로 내일을 스스로 설계한다면 지금보다 행복을 지속가능하게 누릴 것이라 믿기 때문이에요. 비판적 시각을 잃지 않고 이 책을 읽어 나가면 좋겠습니다. 책장을 덮을 때면 제 마음을 어느 정도 이해하리라 기대하니까요!

2023년 10월
박병상

차례

들어가는 글   5

1장   생태정의 이해하기

1   환경과 생태의 다른 점은?   15

2   지금을 왜 '인류세'라고 할까?   24

3   유전적 다양성 문제   33

4   과학기술이 오염된 환경을 해결할 수 있을까?   41

5   회색도시에서 생태도시로   49

6   세상에는 우성도 열성도 없다   56

2장   다양성을 버린 인간

1   생존을 약속하는 회복탄력성   65

2   산불 키우는 단조로운 숲   73

3   점점 쓸쓸해지는 바다   82

4   신이 된 마야족의 개구리   92

5   나쁜 유전자는 없다   101

6   내일을 건강하게 보존하는 생물다양성   109

3장 공평한 밥상에서 시작되는 평화

1	음식이 넘쳐서 내일이 불안한 이유	121
2	스마트하지 않은 스마트 농업	129
3	다양성을 잃은 가축의 비극	138
4	문화를 잃은 음식	145
5	유기농산물의 진정한 가치	152
6	흙에 기후위기의 해답이 있다	160

4장 정의로운 삶으로

1	하늘이 좁아지는 도시	171
2	전기차와 수소차는 친환경일까?	178
3	미래세대를 위해 오늘 시작할 일	187
4	시끄러워야 민주주의	195
5	다양한 개성을 배려하는 기본소득	203
6	석유 없어도 행복한 삶을 향해	211

이미지 출처	219

1장

생태정의 이해하기

①

환경과 생태의 다른 점은?

환경이 나빠졌다고 많이 얘기하죠. 그런데 환경학자나 경제학자 들이 환경이 좋다고 말한 적이 있나요? 지구온난화와 오존층 파괴를 모르고 물과 공기가 맑았던 1960년대는 환경이 좋았을까요? 자동차가 드물고 에어컨을 몰랐던 그 시절, 하늘은 맑아도 하수도 없는 동네의 하천은 지저분했어요. 그때로 되돌아가자고 하면 몇 명이나 응할까요?

흔히 지구를 살리자고 말합니다. 지금 지구가 죽어간다는 뜻인가요? 지구 생태계의 한 생물에 불과한 인간이 죽어가는 지구를 감히 살릴 수 없는 노릇입니다. 다만 망가뜨린 당사자이므로 조금이라도 회복될 수 있도록 행동하자는 제안으로 이해하려고 합니다. 어떻게 하면 좋을까요? 어떤 이는 모든 전구를 전기효율이 높고 수은 같은 유해물질을 포함하지 않는 LED로 바꾸자고 제안합니다. 자동차 대신 자전거를 타거나 붉은 살코기보다 제철 제고장의 유기농산물을 권하기도 하죠(왜 그런지 자세한 내용은 3장에서 살펴볼게요). 그 정도로 행동하면 지구가 살아날까요?

좋아진 환경, 사라진 동식물

잘사는 나라는 환경이 좋아 보입니다. 영화에 나오는 미국을 봅시다. 부자들이 사는 동네는 나무가 많고 거리가 깨끗하죠. 전부는 아니겠으나, 다큐멘터리로 보는 아프리카나 남아시아는 어떤가요? 마실 물을 찾아 반나절 넘게 걸어야 하는 지역은 먼지가 풀풀 나고 겉보기에 황폐합니다. 먹을거리와 의약품이 부족해 평균수명이 짧죠. 얼마 전까지 자연에 동식물이 풍부했다는데, 왜 그렇게 되었을까요? 우리 청소년은 그런 나라에서 살고 싶지 않을 것 같은데, 경제가 성장하면 그 나라의 생태계가 되살아날까요?

어느새 우리나라도 선진국이 되었다고 합니다. 우리 기술로 공장 굴뚝에서 나오던 시커먼 연기를 상당 부분 걸러냅니다. 황폐했던 산에는 나무가 제법 늘었는데 생태계는 온전히 회복되지 않았

정비가 잘된 잘사는 나라의 거리 풍광과 마실 물을 구하기 위해 반나절 이상
걸어야 하는 나라의 사람들.

어요. 선진국이 되려고 노력하면서 화석연료를 많이 태웠기 때문일까요? 지구온난화로 우리나라도 해마다 더워지고 있죠. 지구온난화는 기후변화를 일으키고, 기후변화는 생태계의 동식물을 위험에 빠뜨립니다. 그런데 기후변화를 극복할 기술이 개발된다는 소식도 들립니다.

우리나라도 그렇고, 선진국에는 환경단체뿐 아니라 환경학자가 많아요. 이제 굴뚝에서 시커먼 연기도 나오지 않고 도시를 흐르는 강에서 냄새도 나지 않는데, 자꾸 환경이 나빠지는 이유는 뭘까요? 제비가 드물어지고 고래가 멸종위기에 몰린 현상은 환경이 나빠졌기 때문일까요?

인간의 끊임없는 개발로 갯벌과 숲과 강이 예전의 모습을 잃었습니다. 그 안에 살던 동식물도 많이 줄었을 테죠. 하지만 환경이 나빠졌다는 느낌이 드는 건 아니에요. 사람이 동식물과 함께 살면 좋겠지만 한계가 있지요. 호랑이나 늑대와 함께 살 수는 없는 노릇이니까요.

환경운동과 생태운동

환경운동이 아니라 생태운동이 중요하다는 목소리가 들려요.

환경운동과 생태운동은 어떤 점이 다른 걸까요? 생태운동을 '생태계 보전 운동'이라고 정의한다면, 환경운동은 무엇일까요?

정부를 봅시다. 환경부는 공공의 안전을 위한 제도를 만들어요. 공장 굴뚝과 폐수 배출구로 오염된 물질을 함부로 버리지 못하도록 하고, 가정과 공장에서 나오는 쓰레기를 깨끗하게 처리하도록 하는 제도를 만들죠. 대학의 환경 관련 학과는 환경부가 만든 제도를 이해하는 학생을 키우고, 그 학과를 졸업한 학생은 기업에 들어가서 대기와 수질 및 폐기물을 관리합니다. 다시 말해, 공장 굴뚝의 연기와 배출구의 폐수, 그리고 쓰레기를 안전하게 처리해서 버리는 일을 관리하는 것이죠. 환경운동은 바로 그런 환경관리 기술의 공공성을 감시하고, 문제가 드러나면 개선할 것을 요구하는 시민운동입니다.

환경부는 지켜야 하는 기준을 정해요. 공공에 위험을 주지 않도록 버리기 전 오염물질의 농도와 양을 정하는데, 그것을 '허용기준치'라고 합니다. 허용기준치 이내로 버리면 괜찮다는 의미인데, 그 기준이 이따금 변해요. 엄격한 연구를 통해 기준치를 강화할 때도 있지만 때때로 부적절한 청탁이 끼어들어 기준치를 낮추기도 하니까요. 오염물질의 허용기준치를 맞추려면 비용이 들겠죠. 그 비용으로 인해 이익이 줄어드는 기업에서 허용기준치를 완화해 달라고 정부에 요청해 허용기준치가 변하면 어떻게 될까요? 공공의 피해가 늘어날 거예요. 피해가 즉시 나타나지 않으면 모르고 지나갈 수 있지만, 체구가 작은 생물들은 먼저 피해를 입겠죠.

생태운동은 사람보다 생태계를 먼저 생각합니다. 생태계를 구성하는 생물종 하나하나의 가치를 존중하고 보전하려고 애씁니다. 당장 눈에 띄는 성과가 나타나지 않아도 두고 보면 결국 인류의 생존을 위한 시민운동이죠.

힘이나 자격이 있는 사람의 일방적인 의지로 결정되는 '허용기준치'는 환경운동 단체에서 아주 까다롭게 평가하며 대응하는 중요한 관심사입니다. 그래서 환경운동은 허용기준치의 결정 과정과 그 준수 여부를 살핍니다. 이에 반해 생태운동은 '우리'를 중심에 두고서 이웃, 문화와 전통, 아름다운 경관과 생태계를 구성하는 다채로운 생명을 있는 그대로 존중합니다.

생태사회는 개성을 배려하는 사회

얼핏 생태계는 일방적으로 보입니다. 늑대가 순록을 잡아먹지 순록이 늑대를 괴롭히지는 않잖아요. 그러나 사실 늑대와 순록은 공생관계예요. 워낙 빠른 순록은 멀리 떨어진 늑대를 본척만척합니다. 순록보다 동작이 느린 늑대는 늙거나 다치거나 병든 순록을 무리에서 솎아 낼 뿐이거든요.

수많은 생물종이 어우러지는 생태계는 서로 의지하며 안정적으로 순환합니다. 약육강식이나 적자생존이라는 말만으로 설명할 수 없죠. 그렇게 서로 도우며 38억 년 이상 이어졌고 덕분에 인간도 세상에 나올 수 있었으니까요.

다양한 생물종이 깃들어 있기에 안정된 생태계는 조상이 물려준 다양한 유전자를 품고 있어요. 땅은 물론 흙 속, 나무, 하늘의 생태계는 독특하고, 다양한 동식물과 미생물이 분포하죠. 생물종의 무리를 구성하는 모든 개체는 자신만의 유전자를 가집니다. 그래서 그런지 살펴보면 생김새가 다 달라요. 유전자가 다르기 때문에 생기는 개성이라고 할 수 있겠는데, 그렇다고 우월한 유전자가 따로 있는 건 아닙니다. 어떤 고라니는 동작이 재빨라 천적의 공격을 쉽게 피하고, 어떤 녀석은 시력이 좋아 배우자를 먼저 찾을지 모르죠.

사람도 마찬가지예요. 언어에 강한 학생이 수학 문제도 잘 푸는 건 아니잖아요? 농구를 잘한다고 바둑 실력이 빼어나지도 않죠. 그러니 노래 잘 부르는 친구가 피겨스케이트를 잘 못 탄다고 비난받을 이유는 없습니다. 안정된 사회에서는 모든 개성이 존중받습니다. 물론 그 개성이 발휘될 수 있는 조건, 다시 말해서 적합한 환경은 따로 있겠죠.

생태계에서 어느 한 종이 사라지면 서로 의지해 온 종들이 위기를 맞게 됩니다. 사회도 비슷해요. 다양한 의견이 존중될 때 사회는 건강해져요. 생태계에서 '다양성'은 사회에서 '개성'이 되고, 생태계에서 '순환'은 사회에서 '배려'가 될 수 있습니다. 그렇다면 생태사회는 '개성이 배려되는 사회'가 되겠지요. 나이와 성별, 종교와 정파, 학력, 피부색, 돈이 많든 적든, 키가 크든 작든, 어떤 직업을 가졌든, 차이는 인정하되 차별하지 않는 사회가 생태사회입니다. 그리고 생태운동은 다양성을 있는 그대로 존중하는 시민운동이죠. 생태계의 생물다양성, 어떤 생물종 내의 유전적 다양성, 그리고 시민사회의 개성을 존중하는 것입니다.

개인이 중심에 있는 환경

교육환경과 교통환경도 생각해 봅시다. 이른바 일류로 손꼽히는 대학에 많이 입학시키는 학교와 학원이 모인 동네를 '교육환경'이 좋은 곳이라고 합니다. 서울 접근이 쉽거나 지하철역이 가까우면 '교통환경'이 좋다고도 하더군요. 그렇듯 환경은 그 중심에 내가 있습니다. '나를 위한 환경'이죠. 수질, 대기, 소음과 진동, 폐기물에 대해서도 모두 비슷해요. 기업이든 사람이든 개인을 먼저 배려합니다. 그래서 수돗물이 오염되면 정수기로 해결하고, 공기는 공기청정기로, 폐기물은 매립장과 소각장으로 해결합니다. 더우면 에어컨을 켜고 추우면 보일러 온도를 높이죠.

그렇다면 환경이 중요할까요? 생태계가 중요할까요? 둘 다 중요하죠. 다만 이 책에서는 '생태정의'의 중요성에 관해 생각해 보려고 합니다. 생태정의를 이해하면 사회의 어떤 사안에 대해 어떻게 행동할지 갈팡질팡하지 않을 수 있답니다.

★ 함께 생각해요!

1 환경이 중요할까요? 생태계가 중요할까요?
2 환경운동과 생태운동에 관해 이야기해 봅시다.

②

지금을 왜 '인류세'라고 할까?

갯벌과 모래, 크고 작은 섬들이 파고를 막아 주는 우리나라의 해안은 리아스식이었습니다. 오랜 풍상을 겪은 리아스식 해안은 바다에서 오는 재난을 막을 뿐 아니라 수많은 생물의 터전이 되어 풍요로웠지만, 지금은 대부분 매립되어 옛이야기가 되고 말았죠. 갯벌을 메워 만든 논 습지마저 사라지면서 동식물이 단조로워졌습니다. 사람과 가축 이외에 남은 생물은 거의 없는 것 같아요.

대신 온실가스와 미세먼지가 늘어나면서 예측이 힘든 기후변화와 혼탁한 대기환경 앞에 속수무책입니다. 2000년도 이전엔 잘 몰랐던 조류인플루엔자가 해마다 창궐하고, 2020년에는 코로나바이러스가 무섭게 번져 나가기 시작해 팬데믹 상황이 2023년 현재까지 이어지고 있고요.

기후변화는 사람의 행위가 원인

사람은 에너지 소비 없이 생존할 수 없어요. 경제성장을 생각하면 에너지 소비는 필수죠. 그 에너지를 위해, 전기를 만들기 위해, 인간은 쉬지 않고 발전소를 돌립니다. 그중에 석유나 석탄 같은 화석에너지로 증기를 발생시켜 전기를 생산하는 화력발전은 오늘날 기후위기를 일으킨 주범이에요.

유럽의 여러 국가는 바뀌는 중이에요. 화력발전소를 줄여 나가면서 대안을 찾기 위해 여러 방면으로 노력하고 있습니다. 화석연료를 태우는 내연기관을 가진 자동차와 비행기의 사용도 최대한 억제하고자 하죠. 이에 반해 우리는 온실가스 배출 감소에 느긋한 듯 보입니다. 다른 나라에 화력발전소를 수출하기까지 하죠. 그래서 세계의 환경운동가들은 한국을 "기후 악당국가"라고 해요.

자동차와 비행기는 물론이고 화력발전소를 모두 없애도 온실가스는 넘칩니다. 현재 온실가스 배출 수준이면 지구 평균기온 상승 1.5도는 2030년에 일어날 가능성이 높습니다. 지금 당장 온실가스 배출량을 줄이지 않는다면, 먼 미래가 아니라 바로 우리와 우

빙하가 계속 녹으면 어떤 일이 생길까요?

리 아이들이 기후 위험에 빠진다는 얘기죠. 기후변화가 심각해지면서 세계 곳곳에서 산불이나 폭염, 폭우 같은 기상이변이 속출하고 있어요. 우리 정부도 심각성을 느끼고 위기 대응을 모색한다지만 경제성장을 포기하지는 못합니다.

2007년 노벨평화상을 받은 유엔 산하 '기후변화에 관한 정부 간 협의체'IPCC, Intergovernmental Panel on Climate Change는 2021년 8월에 제출한 〈6차 보고서〉에서 "기후변화는 사람의 행위가 원인"이라고 공식화했습니다. 온실가스 배출을 서둘러 억제해야 한다는 절박한 목소리가 틀림없지만, 진작 몰랐을까요? 몰랐을 리 없어요. 경제성장을 앞세우는 다수의 논리에 밀려 목소리를 제대로 내지 못한 거죠. 그러나 이제 더는 주저할 수 없는 상황이라는 판단이었던 것이고요.

대멸종의 현재 상황, 인류세

기상이변으로 스러지는 생태계는 미래세대의 생존 기반을 무너뜨립니다. 생태계에 존재하는 생물의 60%가 한꺼번에 사라지는 현상을 '대멸종'이라고 정의하는데, 현재 상황이 그렇습니다. 지층을 연구하는 세계층서위원회의 학자들은 절체절명의 위기라고 주장하면서 새로운 제안을 했어요. 지층의 이름을 홀로세^{Holocene}에서 인류세^{Anthropocene}로 수정하자는 것이죠.

마지막 간빙기 이후 1만 년 이상 온화했던 홀로세가 인류세로 바뀌어야 하는 이유는 무엇일까요? 잘 알겠지만, 인류가 현재 딛고 있는 지층은 정화되지 않는 쓰레기와 플라스틱으로 오염되었습니다. 우주공간도 쓰레기로 넘친다고 해요. 위기의 징후가 곳곳에서 점점 뚜렷해지건만 '위기를 위기로 인식하기 거부하는 인류'는 태평하기만 합니다.

생태학자들은 포유류에서 인류세의 증거를 찾습니다. 모든 포유류에서 사람의 무게가 30%를 차지하고 가축이 67%라고 해요. 그 외 고래에서 들쥐까지 망라한 모든 포유류는 고작 3%에 불과한 거죠. 건강한 생태계에서는 있을 수 없는 일입니다. 막대한 화석연료가 뒷받침하지 않으면 즉시 무너질 생태학적 역피라미드가 아닐 수 없어요.

까마득한 시절 태양에서 분리되었어도 지구는 여전히 뜨겁습니다. 23.5도 기운 축으로 하루 한 번 자전하면서 1년에 한 차례 태양을 공전하는 지구는 표면의 70%가 깊거나 얕은 바다고, 30%는 높낮이가 들쭉날쭉한 육지로 형성돼 있죠. 그 덕분에 수억 년 동안 무수한 생물이 바다와 육지에서 생을 이어가며 다채로운 생태계를 형성해 왔습니다. 인류는 지구 생태계가 안정된 상태에서 가장 늦게 동참할 수 있었습니다. 공전하고 자전하는 지구 표면의 모든 강은 1년에 한 차례 범람하고 한 번 바싹 마릅니다. 계절에 따라 일정하게 부는 바람은 태풍과 파도 에너지를 꾸준히 해안에 전달하기에 인류도 생태계의 일원으로 생존할 수 있었습니다.

6500만 년 전 지름 10킬로미터에 가까운 운석이 멕시코 유카탄반도의 지각을 강타했고, 그 충격으로 생태계를 구성하던 생물 종의 70%가 한순간에 사라졌다고 해요. 이른바 제5 대멸종입니다.

제5 대멸종 이후 6400만 년이 지난 지층에 인류는 희미한 모습을 드러내기 시작했습니다. 그 시절의 초기 인류는 다른 동물처럼 자연 그 자체였죠. 지금부터 고작 1만 년 전부터 인류는 농사를 지으며 생태계를 조금씩 제 뜻대로 교란했고, 불과 100여 년 전부터 화석연료와 콘크리트를 사용하면서 생태계를 본격적으로 질식시켰어요. 1945년에는 감당할 수 없는 핵폭탄 에너지를 폭발시켰고, 20세기 말부터는 생물 진화의 핵심인 유전자를 조작해 생태계 순환을 교란하기 시작했죠.

1만 년 전부터 서서히 사라지던 생물이 요즘 서둘러 자취를 감춥니다. 사라진 생물은 생태계를 수수깡처럼 허약하게 만들어요. 안정되었던 생태계가 급기야 역피라미드로 허약하게 바뀌었으니 무언가 받쳐 주지 않으면 즉각 무너질 것입니다. 인류가 무지막지하게 동원하는 화석연료의 에너지로 받치고 있기에 당장은 붕괴를 모면하지만, 과연 언제까지 버틸까요?

번영과 행복의 관계

지구 생태계에서 다섯 차례 요동쳤던 대멸종의 주요 원인은 기후변화였습니다. 지금은 어떤가요? 화석연료 덕분에 건물은 하늘 높은 줄 모르고 올라가고 자동차는 생태계를 뒤덮었습니다. 끝모르는 에너지 과소비로 인류는 자신만의 축제를 휘황찬란하게 이어가지만, 화석연료는 고갈이 머지않았어요. 핵에너지가 대신할 수 있을까요? 핵에너지는 생태계가 감당할 수 없는 폐기물을 수백만 년 동안 남깁니다. 기후위기로 다양성을 잃은 생태계는 유전자가 조작된 생물로 메워질 리 없고요. 게다가 방사능이 누적되는 생태계는 온전할 수 없으니 회복을 방해하겠죠. 1만 년 전 농사를 지으면서 자신의 생태계를 교란하기 시작한 인류는 대멸종의 폭풍 앞에 등불의 신세가 되고 말았어요.

이대로 무너져야 할까요? 1600년대 중반 철학자 스피노자는 내일 지구가 멸망하더라도 오늘 한 그루의 사과나무를 심겠다고 말했습니다. 위기가 다가오는 이때 우리는 어떤 사과나무를 심어야 할까요?

경제학자 이스털린Richard A. Easterlin은 1973년에 '이스털린 역설'을 제창했습니다. 소득이 어느 정도 높아지면 그에 비례해 행복감이 같이 높아지지만, 일정 지점을 지나면 행복감은 더 이상 증가하지 않는다는 이론이죠. 소득이 어느 기준 이상 늘어나면 행복감은 정체된다는 것인데, 우리는 파국을 예고하는 인류세에 몰리고 말았습니다. 화석연료 과소비로 이끌어 온 경제성장이 미래세대의 생존을 불투명하게 만든 것이지요. 돈과 화석연료를 긴급 동원해 개발한 코로나바이러스 백신과 치료제가 코로나 팬데믹을 진정시켰다고 하지만 기후위기의 경고는 코로나19에서 그칠 리 없으니까요.

이럴 때 다시 생각해 봅시다. '이스털린 역설'처럼, 돈이 많아야 행복한 건 아닙니다. 우리는 현재 역대 어떤 조상보다 번영된 생활을 누리지만 과연 선조보다 행복할까요?

에어컨은 실내 공간을 잠시 시원하게 만들지만 바깥을 더 데웁니다. 눈앞의 기후변화를 외면하면서 미래세대에 생존을 이어 줄 수는 없습니다. 파국을 늦추려면 당장 온실가스 배출을 자제해야 한다는 말이죠. 자동차와 화력발전소만이 대상일 수 없어요. 비행기와 우주선도 마찬가지죠. 그런데 갯벌에 거대한 비행장을 만든 우리는 새만금과 가덕도 비행장을 서두르면서 나로호 성공에 열광합니다. 어디로 가려는 걸까요? 다가오는 위기가 하나둘이 아닌

데, 우리는 인류세 지층에 서 있어요.

★ 함께 생각해요!

   1 인류세 개념은 어떻게 나온 것인가요?

   2 경제성장과 생태보존의 균형을 맞출 수 있을까요?

3

유전적 다양성 문제

샤인머스캣은 낯선 과일입니다. 수입 청포도일 거라 짐작했는데 일본 품종의 청포도라는 걸 얼마 전에 알았어요. 먹어 보니 씨가 없고 아주 달더군요. 포도 영양분의 85%는 씨에 있다고 해요. 샤인머스캣도 비슷하겠죠. 이상해요. 씨가 없으면 품종이 유지될 수 없는데 계속 시장에 나오니까요. 알아 보니 씨가 생기지 않게 호르몬을 처리했다고 하네요. 꽃 필 때와 열매가 생길 때 식물 성장호르몬인 지베렐린 Gibberellin을 두 차례 바르는 모양입니다. 지베렐린은 사람과 가축에게 피해가 없다니 다행이죠.

거봉도 요즘 씨가 없어요. 샤인머스캣과 같은 방식으로 처리했겠죠? 먹기 편하도록 이렇게 씨를 없애는 것이 바람직할까요? 바나나도 씨가 없죠. 바나나는 대부분 알뿌리로 번식하는데 우연히 씨 없는 열매를 찾았다고 해요. 그래서 다년생 풀인 바나나의 그 씨 없는 알뿌리를 집중적으로 재배해 오늘날 세계 과일 시장을 석권하게 되었고요.

혹시 옆집에 어린 형제자매가 살고 있나요? 친척을 생각해도 돼요. 형제자매는 무척 닮아 보이죠. 하지만 잘 보면 달라요. 점점 자라면서 좋아하는 가수, 운동, 노래, 공부 방향이 다르게 되고 선택하는 직업도 다를 거예요. 과거에서 오늘, 그리고 내일의 모든 이웃과 친척의 생김새와 취미와 특기는 다 다릅니다. 생태계도 마찬가지예요. 다양하기에 생태계는 수많은 생물이 어우러집니다. 여러 모양으로 서로 이익을 주고 나누면서 건강하죠. 그런데 요즘 농작물과 가축은 아주 단순해졌습니다. 사람에게 이익이 되는 특징을 지닌 농작물과 가축을 선택하여 집중해 재배하거나 키워서 그렇게 되었어요.

맛도 크기도 똑같은 바나나

요즘 바나나는 대부분 캐번디시 품종입니다. 캐번디시는 1960년대 이전에 유행하다 자취를 감춘 그로미셸 품종을 대체했지만 맛이 좀 쳐져요. 크고 달던 그로미셸은 곰팡이 감염으로 갑자기 사라졌는데 캐번디시도 비슷한 곰팡이에 속수무책이라고 하네요.

다국적 식량 기업은 효율적인 판매를 위해 크기도 맛도 동일한 바나나 생산을 요구합니다. 이에 응해 거대 농장은 같은 품종의 바나나만 심었고요. 그래서 곰팡이가 나타나면 농장 전역으로 금방 전염됩니다. 농장의 바나나가 한 그루처럼 같아진 이후 생긴 일이죠. 곰팡이가 발생하면 농장주는 서둘러서 안전반경 안의 바나나를 모조리 불태워야 합니다. 조류인플루엔자 바이러스가 검출되면 안전반경 안의 모든 닭과 오리, 메추리를 예외 없이 살처분하는 것처럼요.

바나나는 섬유소와 탄수화물이 넉넉한 식품이에요. 저렴한 가격이라 가난한 토착민에게 무척 요긴한 농작물이죠. 다국적 기업이 곰팡이를 이겨 낼 바나나를 개발하려고 노력하지만 유전자가 워낙 단순해서 쉽지 않다고 합니다. 어쩌다 씨앗을 가득 품은 열매가 나오지만 곰팡이를 이겨 내지는 못한다고 해요. 일부 생명공학자는 곰팡이를 무력하게 하는 유전자조작 기술에 희망을 건다는데, 그것은 극단적으로 유전자를 단순화할 기술입니다. 해결책일 수 없어요.

좋은 유전자, 나쁜 유전자

몇 년 전 방송 프로그램에 출연한 한 생명공학자는 자신과 가족의 유전자 전체를 미리 검사했다고 말하면서 뿌듯해했어요. 초창기에 30억 비용을 들여 15년 지나서 결과를 알 수 있었던 검사가 이제는 100만 원 정도 비용에 하루면 결과를 받아 볼 수 있게 되었다고 해요. 그는 유전자 검사의 장점을 이야기하면서 미리 파악하면 나이 들어 생길 질병을 피할 수 있을 뿐 아니라 장점을 살려서 직업도 선택할 수 있다고 했어요. 그 과학자는 나이 들면 망막이 황색으로 변해 어둡거나 휘어져 보이게 되는 퇴행성 질환인 황반변성 유전자가 자식들에게 없어서 다행이라며 피아노를 연주하는 아들의 예술성을 주시했죠.

생명공학 기술이 더욱 개선된다면 황반변성 유전자를 바꾸는 시대가 열릴까요? 유전자를 바꾸면 그 질병은 사라질까요? 아직 모르는 게 많은 분야입니다만, 부모는 제 아이에게 '좋은 유전자'가 많길 바라겠죠? 그런데 '좋은 유전자'가 무엇일까요? 키 크고 이목구비를 뚜렷하게 만드는 유전자일까요? 지능이 높고 몸을 튼튼하게 해 주는 유전자일까요? 박테리아나 바이러스의 독성을 차단하는 유전자일까요? 그런 유전자가 있을 것 같지는 않지만, 좋은 유전자로 바꿔서 아인슈타인과 모차르트 뺨치는 지능과 재능을 가진 무병장수하는 이들이 들끓는 세상이 열리면 우리는 행복에 겨운 세상을 살게 될까요?

유전자 기술, 대량 파괴와 확산의 무기

생명체는 에너지를 제공하면 설계대로 움직이는 기계가 아닙니다. 유전자는 기계 부품이 아니고요. 또 모든 유전자가 반드시 발현되는 것도 아니에요. 유방암 관련 유전자가 있다는 의사의 소견으로 미국의 유명한 배우 앤젤리나 졸리는 유방을 수술로 제거했어요. 하지만 그는 수술하지 않아도 건강하게 살 가능성이 컸습니다. 유방암 유전자가 있어도 많은 여성이 일생을 건강하게 살아간다고 하니까요. 유전자는 환경에 민감합니다. 발현될 환경에 놓이지 않는다면 침묵하는 게 보통이죠.

유전자 기술로 코로나바이러스를 무력화할 수 있으리라 기대하는 과학자가 있다고 합니다. 생명공학으로 그때그때 필요한 백신을 만들어서 보급하면 바이러스에 대해 즉각 저항력이 생기리라 믿고 싶겠지만, 실상은 돈도 시간도 많이 들어갈 뿐 아니라 실패 확률도 높아요.

코로나바이러스는 비행기와 고속도로를 타고 급속하게 퍼졌죠. 화석연료 과소비로 점점 뜨거워지는 지구에서 80억 인구가 밀집해 생활하는 상황을 방치하면 아무리 기술이 발전해도 바이러스 전파로 인한 전염병 감염을 막지 못할 것입니다.

미국 정보국의 한 책임자는 2016년 2월 〈연례 위협평가 보고서〉에서 사용하기 쉽지만 통제하기 어려운 유전자 관련 기술을 "대량 파괴와 확산의 무기"에 포함했어요. 우리나라에서 즐겨 먹는 깻잎을 생각해 볼게요. 깻잎의 유전자를 조작해 사람 몸속에서 독이 생기게 만들면 어떤 일이 벌어질까요? 기생하는 벌레를 죽이도록 면화의 유전자를 조작하는 세상이니 특정 동식물을 어떤 생물에게 특히 위험하게 유전자를 조작할 수 있습니다.

유전자를 미리 알 권리를 두둔하는 생명공학자는 국민의 유전자 정보가 빅데이터로 모이길 희망했다는데, 세상은 선의로만 가득하지 않습니다. 이익을 독차지하려는 욕망은 어떤 유혹을 받을까요? 적대적 국가의 특이 유전자를 파악해 공격하는 생물학 무기가 등장할 가능성도 있지 않을까요?

아프리카에서 있었던 일이에요. 적혈구가 찌그러진 사람은 빈혈에는 시달렸지만 말라리아를 이겨 냈어요. 찌그러진 적혈구를 갖도록 한 유전자가 없었다면, 또 그런 유전자를 가진 사람이 없었다면 그 마을 사람은 모두 말라리아로 사망했을지 모릅니다.

집단을 구성하는 유전자가 다양하면 변화한 환경을 이겨 내는 개체가 있기 마련입니다. 현재 환경에서 불리한 유전자가 바뀐 환경에서는 유리할 수 있으니까요. 그러니 생물종의 유전자는 다양해야 생물종 전체가 안전합니다. 앞을 내다보기 어려운 기후변화의 시대엔 더욱 그렇고요. 더운 날씨에도 잘 자라게 유전자를 조작한 사과를 널리 심었는데 갑자기 추워지면 어떻게 될지 생각해 보세요.

지금도 그린란드 빙하가 맹렬하게 녹고 있습니다. 전문가들은 지구온난화가 억제되지 않으면 이번 세기 내에 해수면이 7미터 이상 상승할 것으로 예측합니다. 환경이 바뀌는 증거죠. 유전지를 조작하는 기술은 기후위기 시대에 위험을 앞당길 게 틀림없어요. 종잡을 수 없는 기후변화로 생기는 기상이변은 유전적 다양성을 잃은 농산물의 안전성을 떨어뜨릴 테니까요.

다시 사람의 질병 이야기로 돌아가 볼까요? 황반변성뿐 아니라 대부분의 암도 퇴행성 질환이라고 해요. 누구도 예외일 수 없는 퇴행성 질환을 노화의 과정으로 바라보면 어떨까요? 저는 제 유전자 정보를 미리 알고 싶지 않아요. 내일 만날 나의 신체 운명에 대해 모를 권리가 있다고 생각합니다. 다만 건강하게 살기를 바라는 미래세대의 유전자가 유전자 기술로 인해 갈수록 단순해진다면 환경 변화에 속수무책이 될 테고, 그것이 걱정입니다.

★ 함께 생각해요!

1 좋은 유전자가 있고 나쁜 유전자가 있나요?

2 유전자 다양성에 관해 이야기해 봅시다.

과학기술이 오염된 환경을
해결할 수 있을까?

'가치중립'이라는 말이 있어요. 어느 한쪽의 이해와 목적에 치우치지 않는 주장을 중립적으로 펼칠 때 흔히 사용하는 용어입니다. 과학이나 기술은 당연히 가치중립일까요? 망치를 누가 어떻게 사용하느냐에 따라 유용한 도구 또는 흉기로 사용될 수 있는 것처럼 과학도 마찬가지입니다. 그리고 흉기로 사용된 망치를 만든 대장장이와 망치를 판 가게 주인에게 죄를 물을 수 없듯 재앙으로 연결된 과학 원리를 연구한 과학자를 탓할 수는 없겠죠. 자연에 존재하는 사실과 원리를 찾아내는 과학자는 애초에 재앙으로 연결할 기술이나 이론을 고의로 연구했을 리 없으니까요.

하지만 어떤가요? 세상을 주도하는 요즘의 과학과 기술은 순수하거나 소박하지 않아요. 자연의 구조와 움직임을 파악하려는 과학과 장인의 손재주에 머물렀던 기술은 힘을 잃었거든요. 과학은 기술과 손을 맞잡은 뒤 '과학기술'로 규모를 키웠어요. 과학기술은 막대한 자금을 지원하지 않으면 연구하기 어려울 정도로 거대해졌습니다. 이제 과학기술은 거대과학이라고 말할 정도가 되었어요.

거액의 연구비가 필요한 과학자는 후원자의 의도에 먼저 귀를 기울입니다. 이익을 원하는 자본이나 승리를 바라는 권력이 과학을 후원하면서 진리 탐구는 뒷전일 때가 많아요. 후원자의 눈치를 살피는 연구의 비중이 커졌고 그런 연구에 매진하는 과학자의 목소리가 커졌습니다. 돈과 권력이 지배하는 분위기에서 "과학은 가치중립"이라고 주장할 수 있을까요?

거대과학(Big Science)
우주 개발, 지구 관측, 원자력, 핵융합, 입자 가속기, 극지 심해 탐사, 인간 유전체 분석 같은 기초과학 가운데 막대한 자본과 인력이 필요하고 거대한 연구 시설물을 요구하는 과학 분야를 가리킨다.

망가지고 끊어진 자연의 곡선

  보통 고요하고 단정하지만 어떨 때는 세상을 무섭게 휘몰아치는 자연은 곡선입니다. 수많은 동식물이 온갖 버섯과 미생물과 더불어 수천만 년 이상 어우러져 온 생태계는 언뜻 어지럽습니다. 번듯하고 장엄한 생태계라 해도 그 가장자리는 덤불로 뒤엉켜 지저분하게 보입니다. 그런데 덤불을 벗겨 낸 자리에 잔디를 산뜻하게 심으면 환경이 좋아진 걸까요? 한 가지 식물인 잔디만 심은 우리나라 골프장의 모습이죠. 사람 생각으로 깨끗해졌을지언정 환경이 좋아진 건 아닙니다. 자연自然은 '스스로 그러하다'라는 의미예

자연의 아름다운 곡선은 인위적으로 흉내 낼 수 없습니다.

요. 생태계마다 독특한 생물종이 다채롭게 존재하는 곳이 자연인데, 인간은 어떤 목적 아래 자연을 자꾸 직선으로 바꿉니다. 자연이 '스스로 그러하지' 못하게 되는 것인데, 과학기술이 그 첨병尖兵(어떤 일에서 앞장서는 위치에 있는 사람이나 단체 등을 비유적으로 이르는 말)입니다.

강물을 가로막지 않는 산은 다채로운 생물을 품고, 산을 넘지 않는 강은 상류와 하류, 좌우의 생태계, 지하수와 이어질 뿐 아니라 지역과 세월을 연결합니다. 인간은 생태계가 안정된 지구에 가장 늦게 나타나 자연의 일원이 되었건만, 거대과학을 동원해 일방적으로 자연을 개발했습니다. 생물이 다양하게 유지되던 생태계, 그리고 자연과 어우러지던 지역문화가 붕괴하기 시작했죠. 에너지 과소비와 쏟아져 나오는 각종 폐기물로 물과 공기만 오염된 것이 아니라 사람의 몸까지 심각하게 오염되었습니다. 지구온난화, 오존층 파괴, 사막화에 이은 거대한 산불과 폭우는 생태계의 오랜 순환을 끊고 말았어요.

자본과 권력: 연구와 개발의 방향을 결정하는 주체

과학자 개인은 거대과학을 두루 이해하기 어렵습니다. 거대과학의 일부를 연구할 따름이죠. 사실 대개의 과학자는 자신이 참여하는 방대한 연구 과정과 결과를 온전히 파악하기 어렵습니다. 연구 결과를 집대성해 사업화를 결정하는 세력은 과학자 사회와 거리가 있지요. 대체로 자본이나 권력이 연구와 개발의 방향을 결정합니다.

생명공학을 살펴볼게요. 농부와 농업을 연구하는 과학자는 종자의 주도권을 다국적기업에게 넘겼어요. 종자의 유전자를 분야별로 연구하는 생명공학자는 연구비를 제공하는 다국적기업의 의도를 온전하게 파악할 수 없죠. 개개 과학자의 연구를 집대성해 유전자 조작으로 개발한 다국적기업의 종자는 세계적으로 팔려 나갔고, 세계는 몇 안 되는 품종의 씨앗만 뿌리게 되었습니다.

과학자만이 아니에요. 이제 농부는 물론이고 소비자 모두 다국적기업의 지배 아래 놓였습니다. 아무도 다국적기업의 의지를 피할 수 없죠. 그리고 분명 다국적기업은 가치중립은 아니지요.

과학기술이 일으킨 환경문제를 과학기술로 해결할 수 있을까요? 원인 제공자가 문제의 해결을 반길 리 없습니다. 오히려 원인 제공자에게 면죄부를 줄 우려가 있죠. 오염물질을 희석해서 배출하면 해결한 것으로 간주하는 '배출 허용기준치'가 그 대표적 예입니다.

과학기술의 산물은 대개 시민이 환경문제의 진상을 알아차리기 전에 상품으로 나옵니다. 또 시민들은 과학기술의 이론과 과정을 세세히 이해하지 못하기 때문에 문제를 모를 수밖에 없고, 나중에 드러나는 문제도 과학이 해결하겠다고 나서면 믿을 수밖에 없어요. 시민 눈높이에서 과학자가 설명해 주지 않으면 문제를 파악하지도 해결하지도 못하죠.

과학기술이 즐겨 내세우는 '실질적 동등성 원칙'이 있습니다. 기존 기술과 비교해 위험하다는 증거를 찾을 수 없다면 실질적으로 동등하다고 해석하여 시장에 내놓아도 괜찮다는 원칙입니다. 시민에게 불리한 일방적 원칙이죠. 그에 반해 과학기술의 문제를 걱정하는 시민단체가 내세우는 '사전예방원칙'도 있습니다. 안전이 확인될 때까지 판매하지 말라는 것이지요. 그러나 시민은 과학기술에 관한 의사결정을 주도할 힘이 없습니다. 그러므로 거대과학은 시민사회의 걱정을 무시할 수 있어요. 환경문제가 돌이킬 수 없게 누적된 이유이기도 합니다.

거대과학을 시민과학으로

과학기술을 거부하자는 뜻이 아닙니다. 거대과학이 시민의 질문을 의도적으로 회피하면 환경이 안전할 수 없다는 의미죠. 그렇다면 이미 발생한 문제는 어떻게 해결해야 할까요?

어느 기계나 고장 나는 건 정상입니다. 거대한 과학기술의 산물도 고장이 날 수 있죠. 그런데 그걸 보통 사람들은 고치기 어렵고 피해도 클 수밖에 없어요. 고장이 나도 피해를 줄여야 합니다. 그래서 이런 문제를 고민하는 과학자가 있어요. 사용하는 사람이 만들고 고칠 수 있도록 과학기술의 규모를 줄이자는 움직임이죠. 과학과 기술이 일으키는 문제는 거대과학이 아닌 시민이 주도해 풀어 가야 바람직해요. 거대과학을 시민과학으로 대체할 필요가 있다는 말입니다.

시민과학은 거대한 과학이나 기술을 경계합니다. 필요한 사람이 스스로 만들거나 고칠 수 있는 기술, 생명 다양성을 보전하는 '중간기술'(거액의 자본이 필요한 현대의 첨단 기술과 전통 기술 사이의 중간적 기술)을 대안으로 생각하죠. 생태적인 과학기술이라고 할 수 있어요. 시민의 참여로 과학을 설계하고 평가해 사회에서 사용해야 한다는 목소리, 즉 '과학기술의 민주화'를 요구하는 소리입니다.

과학과 기술이 만나 거대해진 이후 발생한 환경문제로 인해 사회적 약자와 미래세대가 위기를 맞았습니다. 생태계까지 치명적으로 위협받고 있고요. 과학기술을 소박한 호기심과 장인의 손재주로 되돌릴 수 없을까요? 시민과학자는 과학기술 분야에 사회 개념을 추가하자고 권합니다. 이른바 STS Science, Technology & Sociology/Science and

Technology Studies라고 불리는 분야로, 과학기술 관련 의사결정을 과학자와 기술자만이 아니라 사회도 동등하게 참여해 논의해야 한다는 주장이에요. 아무리 찬란한 과학기술도 자연의 부분집합에 불과하니까요.

어떤 과학기술이 필요한지 시민이 먼저 생각하고 과학자에게 제안하여 개발하는 과정도 생각해 볼 만하지 않을까요? 그러면 과학기술로 인한 환경오염도 줄어들고 환경오염이 발생해도 해결 방법을 더 쉽게 찾을 수 있을 거예요. 바로 시민과학입니다.

★ 함께 생각해요!
  1 과학자들은 자신의 연구 결과가 끼칠 사회적 영향에 대해 얼마나 생각할까요?
  2 과학기술에 대해 사회적 측면까지 고려한다는 것은 어떤 의미일까요?

5

회색도시에서 생태도시로

　혼히 '지속가능한 발전'을 해야 한다고 말합니다. 발전을 지속
하자는 말은 아니에요. 발전은 필요하지만, 지나치면 자칫 미래세
대가 누릴 자원까지 빼앗을 염려가 있으니까요. 그래서 '지속가능
한 발전'이란 미래세대의 발전을 방해하지 않는 범위 안의 발전을
의미해요. 어떤 이는 오해를 부르지 않도록 '지탱 가능한 발전'으
로 수정하자고 제안하기도 합니다.

　그런데 발전이 무엇인지 정확하게 아는 걸까요? 돈을 많이 벌
면 발전이고, 그러면 당연히 잘 살게 되는 걸까요? 앞서 '이스털린
역설'에서도 말했듯 돈이 많아질수록 더 행복해지는 건 아닙니다.
행복은 성적순이 아니듯, 돈이 많다고 행복한 것은 아니라는 거죠.

어떻게 하면 행복할까요? 공부를 잘하면 행복할까요? 성적이 오르면 부모님과 선생님의 칭찬을 받습니다. 칭찬을 받으면 물론 기쁘지만 그렇다고 그 청년의 삶이 행복으로 이어질 거라 장담할 수는 없죠. 노력하여 목표를 이루었다는 일시적인 성취만으로 삶이 행복해지는 건 아니니까요. 그러면 무엇이 지속가능할 때 우리는 행복할까요?

삭막한 도시, 익명의 사회

해마다 설날과 추석이면 고향을 찾는 사람들로 전국 고속도로는 북새통을 이룹니다. 어릴 적 뛰어놀던 고향이 거기 그대로 있다는 생각만으로도 가슴 설레는데, 도시의 아파트에서 태어나 아파트를 벗어나지 못하는 요즘 청소년의 고향은 어디일까요? 명절이면 부모님의 고향을 찾는 셈인데, 언제까지 이어질까요?

고집스레 고향을 떠나지 않은 한 시인은 "그리운 것들은 다 산 뒤에 있다"라고 했습니다. 틈날 때마다 거울을 보며 여드름 짜던 이웃집 누나, 보리밥 한 사발을 얻어먹고 연실 방귀를 뀌어 대던 형도 고향을 떠났다고 해요. 모내기 마친 어른들이 시냇가에서 돼지를 잡으며 떠들썩하던 모습은 이제 오간 데 없고, 겨우내 썰매

고층 빌딩 빽빽한 뉴욕의 빌딩숲.

타던 무논도 적막하다는 거죠. 아기 울음소리마저 사라진 마을에서 다정한 이웃을 만나기 어렵습니다. 몸은 남아 있어도 고향은 아련해졌어요. 시인은 자기 고향이 기억 너머에 있다고 한탄한 것이겠죠.

어느새 '사이코패스'가 새삼스럽지 않은 사회가 되었어요. 끔찍한 범죄를 스스럼없이 저지르는 성격장애자, 사이코패스가 전에 없이 나타나는 이유는 무엇일까요? 분명한 것은 다정한 이웃이 살던 고향에 사이코패스는 없었다는 사실입니다. 식물의 뿌리는 흙에 내려요. 식물 없이 살아갈 수 없는 사람의 뿌리는 마을에 내리지요. 흙이 사라진 도시, 콘크리트와 아스팔트로 뒤덮인 '회색도시'에서 삶이 뿌리내리기란 쉽지 않습니다.

도시는 삭막합니다. 거리와 도로에서 빠르게 움직이는 사람들은 이웃과 마음을 주고받지 못해요. 미덥지 않으니 모든 걸 돈으로 해결해야 하죠. 음식과 보살핌도 돈으로 해결해야 하는 서비스 산업이 되었습니다. 아기는 산후조리원에 맡기고, 부축해야 하는 노인은 요양병원에 맡기는 편이 속 편한 세상이에요. 목욕탕에서 낯모르는 이의 등을 밀어 주고 내 등 슬며시 돌려 대는 일은 이제 미덕이 아닙니다. 결례가 되었어요.

낯모르는 사람이 모이는 '익명의 사회'는 범죄의 온상이 되기 쉽습니다. 사람들은 감시카메라가 번득여야 비로소 안심하게 돼요. 감시카메라를 피해 은밀해지는 범죄는 포악해졌고요. 건물이 높은 만큼 그늘이 깊은 회색 도시가 되었습니다. 익명의 사회에서 마음 터놓고 지낼 이웃을 만나기 어렵습니다. 이해관계에 따라 몰려다니지만, 모르는 이의 눈길은 피하는 사람들은 이웃의 관심이 탐탁하지 않습니다.

소통을 배려하는 생태적 공간, '마을' 가꾸기

2021년 현재 주민등록상 총인구 5164만 명 중 4740만 명이 도시 지역에 거주하고 있다고 해요. 싫든 좋든 머물 수밖에 없는 도시입니다. 그 도시를 생태적 공간으로 바꾸면 어떨까요? 콘크리트 일색의 도시에 생태환경을 확대하면 어떨까요? 녹지뿐 아니라 역사와 문화가 보전되는 공간을, 그런 마을을 도시 곳곳에 배려하자는 제안이 나옵니다. 그런 공간에서 비로소 시민들은 이웃을 만나 반갑게 소통할 수 있을 것입니다.

서로 다른 개성을 이해하며 소통하는 생태도시에 우열은 없습니다. 약국과 세탁소 주인은 자신의 권위와 소득을 비교하지 않아요. 고층 건물 그늘에서 시선 피하던 사람이 숲이나 녹지에서는 낯선 이웃과 눈인사를 나눌 겁니다. 우리가 사는 도시의 어느 공간에

무엇이 덴마크 코펜하겐을 지속가능한 도시로 만들었을까요?

'마을'을 가꾸면 좋을까요?

평소 문 꼭 닫아걸고 사는 고층아파트보다 오래된 저층 아파트나 다세대주택을 먼저 떠올려 봅시다. 주차한 차들로 좁은 골목이 복잡하지만 알고 지내는 이웃은 서로 눈인사를 나눕니다. 고층아파트 단지라도 노력하기에 따라 얼마든지 이웃과 희로애락을 나누는 공동체로 살아갈 수 있습니다. 공유 공간으로 헬스장은 물론 주방과 거실, 서재와 공부방을 둘 수 있고 자투리 공간에 텃밭을 가꾸며 녹지로 활용할 수 있지요.

만나면 반가운 이웃 사이에 사이코패스 범죄자는 끼어들 수 없 겠죠. 미국 소설가 마거릿 미첼Margaret Mitchell의 장편소설《바람과 함 께 사라지다》는 1939년에 동명의 영화로 만들어져서 더욱 유명합 니다. 영화의 마지막 장면을 떠올려 볼게요. 모든 걸 잃고 슬퍼하 던 주인공은 "내겐 타라가 있다!"라고 말하며 자신을 다독이죠. 땅 을 뜻하는 '타라'는 고향을 말합니다. 예상하지 못했던 코로나 팬 데믹에 이은 경제 위기로 낙담하거나 분노하는 이웃에게 '고향'을 안내하면 어떨까요? 마음을 나눌 이웃, 돈벌이 크기로 이웃을 구 별하지 않는 땅이 있는 공간을 여러분이 사는 도시에 만들면 어떨 까요? 회색 도시가 '마을'로 바뀔지 모릅니다. 마음속의 담장을 헐 어 내고 이웃과 찻잔 기울이는 마을을 만들 수 있습니다.

★ 함께 생각해요!
1 각자 생각하는 행복에 대해 말해 봅시다.
2 행복의 조건이 있을까요? 있다면 무엇일까요?
3 내일의 행복을 위해 오늘을 희생한다는 말에 대해 어떻게 생각하나요?

6

세상에는 우성도 열성도 없다

　지구 지각에 첫 생명이 탄생했던 38억 년 전부터 오늘까지 지구에는 수많은 생물종이 존재해 왔습니다. 열대우림의 적도에서 빙하의 극지방까지, 히말라야산맥에서 바다 심연까지 생명은 존재하죠. 바이러스에서 거대한 대왕고래까지, 남조류라 지칭하는 시아노박테리아에서 수십 미터 높이의 메타세쿼이아까지, 생명체의 크기와 종류는 실로 무궁합니다.

　거울에게 물어볼까요? "거울아, 거울아, 세상에서 가장 진화된 생물은 무엇이니?" 덧붙여야 할 게 있어요. "절대 깨지 않을게!" 겁에 질리지 않은 거울은 "사람!"이라고 대답할까요?

　내친김에 하나 더 물어봅시다. "거울아, 거울아, 사람 다음으로

진화된 생물은 무얼까?" 침팬지? 고릴라? 오랑우탄? 그런 순서로
대답할까요?

우리는 사람 흉내를 잘 내는 동물일수록 진화했다고 믿는 경향
이 있어요. 개는 사람 말을 잘 알아듣고 재롱도 떱니다. 동물원의
곰은 서서 불쌍한 표정을 지어야 사탕과 과일이 쏟아진다는 걸 경
험으로 알지요. 돼지는 어떤가요? 똥오줌으로 범벅된 축사에서 뒹
굴 뿐 그 짧은 다리로 일어서지는 못하네요. 진화가 덜 되어 그럴
까요? 하지만 수많은 동물 중 사람 말을 가장 못 알아듣는 동물은
돼지가 아니에요. 바로 사람입니다. 사람은 자신이 내뱉은 말조차
알아듣지 못하곤 해요. 사람은 개와 곰, 돼지의 말을 알아들을까
요? 그럴 리 없죠.

다양성이 생명이다

예민한 질문을 학생에게 던져 본 적이 있어요. "황색인종(아시
아 인종)을 비롯해 백색인종(유럽 인종), 흑색인종(아프리카 인종), 아
메리카인디언(아메리카 인종), 해안도서인종(말레이 인종) 등 다섯 가
지로 구분하는 인종 중 가장 진화된 인종은 무엇일까요?"

학생들은 선뜻 대답하지 못하더군요. 침묵이 흐를 때 "아메리

5월 21일은 유엔이 지정한 대화와 발전을 위한 세계문화다양성의 날**입니다.**

카인디언이나 해안도서인종은 아니라고 생각하겠죠?"라고 하니 그제야 학생들은 고개를 끄떡였어요. "흑인종도 아니라고 생각할 테고 백인종이라 말하기는 자존심 상하니 역시 황인종일까요?" 굳었던 표정들이 풀리며 빙그레 웃음으로 동의했습니다. 그렇게 생각하고 싶었겠죠.

1980년 이전에는 비포장도로를 한참 올라가야 치악산 구룡사에 오를 수 있었습니다. 산기슭마다 지붕 맞댄 마을이 정겨웠고, 좁은 마을 길과 실개천 주변의 논과 밭은 오밀조밀했지요. 지붕 하나가 세포라면 마을은 세포가 모인 조직이고, 마을 길은 지붕과 바

대화와 발전을 위한 세계문화다양성의 날(World Day for Cultural Diversity for Dialogue and Development)

국제연합^{UN}이 2002년 제57차 총회에서 제정했다. 이 기념일의 제정 목적은 전 세계 인류가 직면하고 당면한 일방적인 문화의 획일화와 거대자본 및 소비문화에 의한 상업화 및 종속화에 대응하여 우리의 선택이 대화와 타협을 통한 다원적 가치를 보장하는 것이다. 아울러 상호 존중을 전제로 민족 간 자본 간 갈등과 대립을 완화하고 더 나은 방향으로 한 걸음씩 내디디자는 취지다.

깥 마을을 잇는 실핏줄처럼 보이더군요. 마을이 건강해야 고을(조선 시대에 주^州·부^府·군^郡·현^縣 등을 두루 이르던 말)이 편안하고 나라에 탈이 없습니다. 구불구불 작은 길로 산기슭 마을이 이어졌는데, 심은 농작물이 조금씩 달랐어요. 자급자족하는 농작물이 마을마다 다르니 문화도 조금씩 달랐겠죠. 고을의 문화는 더 달랐을 테고요. 마을마다 색다른 농작물은 고을 장터에 모여 나누었습니다. 그렇게 우리 조상은 문화를 누리며 살았어요.

문화는 다양성이 생명입니다. 다양성에는 우열이 존재하지 않아요. 지역에 따라, 역사에 따라, 환경에 따라, 구성원에 따라, 다양하게 나타나는 문화는 예나 지금이나 서로 교류하기에 빛이 납니다. 생태계도 마찬가지예요. 사막의 생태계가 있고, 호수와 논과 밭에도 독특한 생태계가 존재합니다. 생물종 하나는 다른 생물종이 곁에 없다면 존재할 수 없어요. 사람도 마찬가지예요. 문화도 그렇고요.

생물에 우열은 없습니다. 자신의 환경에서 가장 진화된 존재로 이해해야 옳지요. 소와 개도, 반달가슴곰과 아메리카불곰도, 돼지와 사람도 지구에 나타난 소중한 생명입니다. 다채로운 동식물이 조화로운 생태계는 건강합니다. 지역 문화와 역사가 살아 있을 때 환경문제는 눈에 띄지 않았어요. 거대 기업과 독점적 중앙집중 체계에서 자급자족하던 공동체가 깨지면서 환경문제는 심각해졌지요. 과학기술과 손잡은 다국적기업이 생태계를 단순화하면서 위험사회가 다가왔어요.

대기업이 지배하는 사회에서 '다양성'은 용납되지 않습니다. 농작물을 예를 들어 볼까요? 효율화를 앞세운 단일 품종이 경쟁에서 승리하므로 지역의 문화와 역사를 고려한 농작물은 소외되고 말았지요. 지역 문화가 뿌리를 잃은 거예요. 똑같은 농작물을 생산하면 다양한 식성을 만족시킬 수 없고, 식성이 같아지면 문화가 단순해지죠. 심지어 언어와 생김새까지 단순해져요. 지배계급이 원하는 표준, 단순한 기준을 향해 줄을 서게 되는 것이죠. 개성과 다양성이 무시된 사회에 우열이 똬리를 틀고 가치를 독점합니다.

생태교육, 생태정치, 생태사회

대관령, 한계령, 미시령, 진부령, 진고개, 운두령… 강원도 고갯길의 이름입니다. 이 고갯길들은 강원도의 고을, 나아가 한양과 소통하던 씨줄과 날줄이었지만, 이제 과거가 되었습니다. 지역 문화를 무시하는 4차선 아스팔트 도로가 문화를 엮던 고갯길을 난폭하게 헤치고 뚫렸어요. 그뿐 아니에요. 동식물의 터전인 기슭은 스키장과 골프장으로 파괴되었지요. 수많은 댐과 보는 유구하던 강의 흐름을 차단했고요. 자신의 오랜 문화를 잃은 지역은 휘황찬란한 수도권을 부러워하며 줄을 섭니다. 없던 우열이 생겼어요.

거대 자본이 지배하는 문명은 독점을 지향합니다. 에너지, 교통, 의료, 교육이 그렇고 의식주가 마찬가지예요. 문명의 편의는 화려할수록 돈이 없으면 누릴 수 없어요. 거부할 수단조차 없죠. 맥도널드가 아마존 숲을 목장으로 만들자 원주민은 고기를 먹지 못하게 되었습니다. 이따금 키우던 가축을 잡아 마을 잔치를 벌였는데 이제 고기를 사 먹어야 하는 상황이 되었으니까요. 주민들은 운이 좋아야 다국적기업 일꾼이 될 뿐입니다. 모두 자급자족하던 농토에 수출용 농장이 들어선 이후의 일이에요.

대안은 있어요. 생태정의입니다. 개성을 배려하는 생태사회와 같은 개념으로 교육과 정치에 우열을 없앨 수 있습니다. '생태교육'과 '생태정치'죠. 성적으로 줄 세우는 교육이 아니라 학생과 학교의 개성을 배려한다면 생태교육입니다. 유권자는 물론이고 미래 세대의 권리를 헤아려 민주적으로 논의한 뒤 의사결정을 한다면 생태정치입니다. 차이와 다양성을 인정하는 건축물이 자랑스러운 문화재로 남겠죠. 경제도 마찬가지예요. 저명한 경제학자 칼 폴라니 Karl Polanyi는 인류는 돈보다 신뢰로 거래해 왔다고 주장했어요. 윤리와 정의에 우열은 없습니다. 노인에게 자리를 양보하는 지하철 승객은 대가를 바라지 않아요.

경쟁사회에 지친 사람은 생태사회에서 몸과 마음이 편안하고, 이웃을 배려하는 데까지 나아갈 수 있습니다. 생태사회로 가는 길은 먼 데 있지 않아요. 우리의 과거에서 찾을 수 있습니다. 다양성이 확보된 자급자족 공동체가 그것이죠. 거울에게 다시 물어봅시다. "거울아, 거울아, 이 세상에서 누가 가장 진화되었니?" 생태정의를 기대할 만하겠군요. "바로 당신!" 정답입니다!

★ 함께 생각해요!
  1 우열과 다양성에 대해 생각해 봅시다.
  2 생태정의를 무엇이라고 정의할 수 있을까요?

2장

다양성을 버린 인간

①

생존을 약속하는 회복탄력성

2000년대 초 중국 광동성에서 출현한 사스^{SARS, Severe Acute Respiratory} ^{Syndrom}(중증급성호흡기증후군)가 세계를 긴장시키더니 2015년에는 사우디아라비아를 비롯한 중동지역에 메르스^{MERS, Middle East Respiratory} ^{Syndrome}(중동호흡기증후군)가 확산되었어요. 그때 우리나라에서 180 여 명, 세계적으로 1천 명 가까운 사람이 희생되었습니다. 모두 바이러스가 일으키는 '급성 호흡기 질환'이었어요.

독감은 닭, 사스는 사향고양이, 메르스는 낙타가 사람에게 전했다는데, 코로나바이러스감염증-19는 박쥐로 인한 것이 확실할까요? 분명하게 밝혀진 건 아니라고 해요. 중국에서 비둘기만큼 커다란 박쥐를 잡아먹은 것이 어제오늘 일은 아니었어요. 그런데 왜 2019년에 문제가 생겼을까요? 박쥐와 박쥐를 먹는 사람이 갑자기 늘어나서가 아니에요. 자동차를 끌어모으는 도로가 박쥐의 생태계까지 꿰뚫고 들어간 현상에 주목해야 해요. 인간이 박쥐의 세계를 침범한 것이란 말이죠.

온실가스 내뿜는 시멘트

영국 신문 〈가디언〉이 시멘트에 대해 심층 취재한 적이 있어요. 시멘트는 온실가스 발생과 관계가 깊죠. 제조 과정에서 대표적인 온실가스인 이산화탄소를 비슷한 무게로 방출하니까요. 〈가디언〉 기사에서 시멘트에 대해 어떻게 주목했는지 살펴볼게요. 시멘트는 건물을 지을 때뿐 아니라 도로와 활주로를 건설할 때도 많이 사용합니다. 또 얼마나 많은 자동차와 비행기가 그 시멘트 위에서 온실가스를 내뿜을까요? 건물도 마찬가지죠. 높이 솟은 건물일수록 쏟아 내는 온실가스가 막대합니다.

요사이 세계에서 가장 많은 시멘트를 생산하고 소비하는 국가는 단연 중국입니다. 중국은 최근 3년 동안 미국에서 지금까지 생산한 모든 시멘트량만큼 생산했다고 〈가디언〉은 보도했어요. 중국의 1년 시멘트 생산량을 영국에 붓는다면 영국 전역이 베란다처럼 편평해질 거라고도 하고요. 인구 1천만 명 도시가 즐비한 중국에 초고층빌딩이 늘어나는 만큼 도로와 공항도 건설되고 자동차와 비행기도 증가했겠죠. 그러니 지역에서 이따금 잡아먹던 박쥐가 도시의 시장에 버젓이 진열돼 팔려 나가는 상품이 되었는지 모릅니다.

또 해외여행을 즐기는 중국인이 늘어난 만큼 중국을 방문하는 외국인도 늘어났습니다. 중국에서 코로나19가 발생해 전 세계로 퍼져 나간 건 우연이 아니에요. 사실 중국뿐 아니라 메르스가 발생한 중동지역의 국가도 그렇고 우리나라도 마찬가지죠. 이동인구가 많으니 전염병이 퍼질 확률도 높은 것입니다. 코로나19 감염자가 많은 도시 지역이 특히 그렇고요.

서울 강남이나 인천 송도신도시에는 초고층빌딩이 즐비합니다. 건물 안은 최신 냉방 설비로 한여름 폭염에도 시원하지만 시멘트로 지어 올린 건물은 그 높이가 높을수록 사용하는 에너지도 많겠죠. 온실가스 배출량이 늘어날 테니 주변은 점점 더 더워집니다. 늘어나는 건물들로 도시와 도시 사이의 자연이 거의 사라졌을 정도로 시멘트 사용량이 엄청납니다. 산을 허물어 만든 시멘트 공장도 지구를 뜨겁게 만드는 데 일조하고 있어요.

함께 사는 생물이 많을수록 건강한 생태계

요즘 청소년은 '조리'를 모를 거예요. 지금은 현미든 백미든 수확과 유통 과정 전반을 기계로 깨끗하게 관리해서 자잘한 돌이 섞이지 않지만, 예전엔 물에 잠긴 쌀에서 돌을 골라내고 밥을 지어야 했어요. 그때 사용한 게 조리예요. '조릿대'라고 하는 가는 대나무로 만든 조리를 가볍게 휘저어 돌을 골라냈죠. 그런데 요즘 조리를 사용하지 않아서인지 국립공원 산기슭을 조릿대가 빼곡하게 차지합니다. 생태학자는 조릿대를 먹던 동물이 사라졌기 때문이라고 말해요.

대나무 잎사귀는 겨울에 질겨집니다. 허기진 토끼와 산양은 대나무 잎을 뜯는데, 산기슭까지 도로가 파고들자 등산객이 쏟아져 들어왔지요. 인파를 피해 토끼와 산양이 산기슭을 떠나면서 생태계가 단조로워졌고요. 빼곡한 조릿대는 씨앗이 땅에 떨어지는 걸 방해합니다. 게다가 단조로워진 생태계에 외래 동식물이 자리 잡으면 여간해서 떠나지 않아요. 황소개구리가 그랬고 단풍잎돼지풀이 그렇습니다.

1970년대 우리나라에 들어온 황소개구리는 미국이 고향이에요. 식용으로 수입해서 양식했지만 실패했죠. 양식장을 방치하면서 전국으로 퍼진 황소개구리는 우리나라 고유 동물을 잡아먹는

미국이 고향인 황소개구리는 토종 개구리보다 덩치와 울음소리가 훨씬 큽니다.

괴물이 되었어요. 그런데 요즘 조용합니다. 사라진 건 아니에요. 마구 늘어나던 황소개구리의 수를 우리 생태계에 존재하던 동물들이 조절하기 시작한 거죠. 사람들이 해코지하지 않으면서 개체 수가 조금씩 늘어나던 백로와 왜가리는 먹이가 부족했을 겁니다. 어느 날 황소처럼 우는 커다란 개구리를 보았고, 익숙하지 않아 처음엔 외면했겠지만 배가 고파서 아기 숟가락만큼 커다란 올챙이를 조심스레 잡아먹었을지 모르죠. 괜찮았나 봐요. 소문이 난 걸까요? 천연기념물인 황새도 황소개구리 올챙이를 먹었고 수달과 너구리는 커다란 황소개구리를 잡아먹었어요. 그런 식으로 황소개구리가 우리 생태계의 일원이 되었습니다.

외래 동식물이 생태계의 일원이 되는 현상을 학자들은 '귀화'라고 해요. 그런데 귀화는 우리 생태계가 어느 정도 보전된 상태에서 가능합니다. 백로와 수달을 보호하지 않았다면 황소개구리가 여전히 생태계를 어지럽혔을 거예요.

여러 농작물을 섞어 심으면 다양한 곤충이 많이 모여듭니다. 곤충을 잡아먹는 개구리와 새도 찾아오겠지요. 농약을 모르던 조상은 온갖 곤충과 개구리와 새가 더불어 사는 농토에서 건강한 농작물을 생산해 이웃과 나누었습니다. 농토는 물론이고 주변의 생태계에 다채로운 동식물이 함께 살았기 때문인데, 지금 우리 시골은 적막강산이 되었습니다. 농작물 이외의 생물이 보이지 않아요. 예전 생태계로 회복시킬 방법은 없을까요?

물론 슬픈 소식만 가득한 건 아닙니다. 호랑이, 표범, 늑대와 같은 커다란 육식동물이 사라진 우리 산하에 담비와 족제비가 자주 모습을 드러내기 시작했어요. 들쥐와 황소개구리가 넘치지 않도록 조절하는 육식동물이 나타난 거죠. 그러자 사람들은 반기며 보호하려고 나섰습니다. 오산천과 시화호, 그리고 한강 샛강에 수달이 나타났고, 시민들은 보호할 방법을 찾았죠. 하지만 정작 동물은 사람 곁을 꺼립니다. 위험하다고 여길 테죠. 게다가 안타깝게 자동차 바퀴에 짓밟힌 모습을 자주 봅니다. 도로가 자연을 파괴한 탓입니다.

자연과 도시의 회복탄력성

2022년 5월 22일, '세계 생물종 다양성 보존의 날'을 맞아 60세를 넘긴 노인들이 지리산 노고단을 천천히 올랐어요. 우리 특산물인 구상나무가 자생하는 곳인데 안타깝게도 구상나무들이 말라 죽어가고 있었습니다. 기후변화 때문이에요. 젊었을 때 국토에 시멘트를 들이부으며 천지사방을 개발하던 노인들은 문득 깨달았습니다. 선진국이 되어 잘살 거라 믿었는데 미래세대가 누릴 생태계를 망가트렸다는 사실을. 노고단에 오른 노인들은 생태계와 미래세대에게 용서를 빌었습니다.

IPCC는 2022년 각국 정부에 '회복탄력성'을 요구했어요. 개발을 하더라도 나중에 회복될 정도의 생태계는 남겨야 한다는 주장이죠. 회복탄력성이 유지되면 개발 이후 생태계의 회복을 기대할 수 있으니까요. 담비와 수달 덕분에 황소개구리의 개체수가 조절된 현상은 우리 생태계에 회복탄력성이 남아 있다는 증거라고 볼 수 있습니다.

자동차보다 자전거와 보행자를 우대하는 프랑스 파리는 도시를 시원하게 해줄 정책을 마련했어요. 그 정책은 자전거 전용 차선을 늘리면서 자동차 도로의 폭을 줄여서 자동차 운행을 불편하게 만드는 것인데 거기에서 그치지 않아요. 열차 같은 대중교통으로 파리에서 두 시간 반 거리에 있는 공항을 모두 없애기로 했어요.

시멘트를 걷어 내고 도시 생태계의 회복탄력성을 보전한다면 코로나19 같은 감염병과 기후변화도 어느 정도 극복할 수 있을 거예요. 하지만 우리 현실은 암담합니다. 고속도로와 공항은 이미 넘치는데 자꾸만 더 짓겠다고 하니까요. 사우디아라비아의 속담이 생각납니다. "아버지는 낙타를 탔는데 나는 승용차를 타고 아들은 비행기를 탄다네." 속담은 이어집니다. "어쩌면 손자는 다시 낙타를 타야 할지 모르네." 그런데 그때 낙타가 남아 있을까요?

★ 함께 생각해요!

  1 건강한 생태계를 이루기 위한 조건에 관해 이야기해 봅시다.
  2 회복탄력성에 대해 이야기해 봅시다.

2

산불 키우는 단조로운 숲

　파괴된 산림 생태계를 묘목 250그루로 복원할 수 있을까요? 묘목 250그루면 약소하잖아요? 그런데 그렇게 하겠다고 약속했어요. 묘목도 묘목 나름이고 생태계도 생태계 나름이지만 터무니없는 약속이죠. 가리왕산은 보호해야 할 풍요로운 생태계가 드넓은 곳입니다. 동계올림픽 일주일간 스키 경기를 위해 파헤친 강원도 평창군의 가리왕산도 복원이 가능할까요?

　식물 생태계에서 겉흙은 아주 중요합니다. 온갖 뿌리가 안착한 겉흙은 완벽한 생태계죠. 헤아릴 수 없는 미생물과 버섯, 다양한 거미와 곤충의 터전이거든요. 크고 작은 식물이 뿌리를 내렸고 많은 동물이 먹이를 찾으며 배설물을 내려놓았지요. '생물권 보전

숲'으로 지정된 가리왕산은 더욱 그렇습니다.

안정된 숲은 키 큰 나무만 울창하지 않아요. 키 큰 나무 주변에 여러 종류의 중간 높이 나무가 수십 그루 자랍니다. 바닥의 낮은 나무는 훨씬 많고요. 초식동물에게 뜯기는 바닥에서 살아남으려는 나무는 수만 그루에 달하며 종류 또한 많을 것으로 추정합니다. 이렇게 수많은 나무가 뿌리 내리는 겉흙에는 무궁무진한 씨앗이 숨어 있습니다. 그 씨앗들이 기회를 기다리다 새싹을 틔워 생태계를 풍요롭게 열어 주겠지요.

자연재해에 취약한 숲

생태계를 복원할 때 겉흙을 보관했다가 활용합니다. 다시 심는 나무가 건강하게 뿌리 내리도록 돕기 때문이죠. 그런데 경기장 공사 일정이 빠듯했는지 공사 책임자는 약속을 지키지 않았어요. 가리왕산의 겉흙을 따로 보관하지 않았고, 스키장 부지는 대회를 마친 뒤 방치해 비바람에 휩쓸리고 말았습니다. 흙과 생태계를 잃은 가리왕산 스키장에는 이제 나무를 심어도 제대로 성장하기 어려울 거예요.

독일 프라이부르크대학은 목재용 나무 연구로 명성을 쌓았어요. 대학교와 가까운 슈바르츠발트(해석하면 '검은 숲')에 가문비나무를 빼곡하게 심고, 목재를 생산하고, 목재를 가공하는 인재를 키워 왔지요. 하지만 지금은 예전 방식을 포기했어요. 자연재해를 겪었기 때문이죠. 1999년 폭풍으로 20여만 그루의 가문비나무가 쓰러졌고, 그것을 교육용으로 그대로 보전한 현장은 슈바르츠발트 한가운데 특별한 장소가 되었습니다.

높이 수 킬로미터에 달하는 빙하가 녹으며 깎은 유럽대륙은 거의 편평하고 숲에 자라는 나무 종류는 애초에 단순했습니다. 그런데 효율적으로 목재를 생산하기 위해 가문비나무만 심었으니 폭풍의 피해를 고스란히 입은 것이죠. 토양의 산성화가 심해지면서 가문비나무의 뿌리가 약해졌고, 폭풍에 일제히 쓰러지고 만 것입니다. 실수는 반복하지 않는 게 중요하겠죠? 황폐해진 검은 숲에 산책로를 만들어 교육에 활용하는 독일 정부는 자연재해를 경험한 이후 낙엽활엽수를 섞어 심는다고 합니다. 생물다양성을 무시한 산림정책이 화근이었다는 걸 깨달은 것이죠.

빙하가 뒤덮지 않은 우리나라 숲은 다채로운 나무로 어우러졌습니다. 비가 여름에 집중되는 까닭에 봄이면 낙엽이 바싹 마르지만 산불이 자주 발생하지 않았어요. 가끔 불이 나도 넓게 퍼지지 않은 이유는 다양한 나무가 뒤섞여 습기를 보전했기 때문이죠. 그런데 요즘 달라졌어요. 단조로운 나무로 이루어진 숲이 습기를 머

미국 캘리포니아 요세미티국립공원의 단조로운 숲과 화재 이후 전소 지역.

금지 못하면서 산불이 잦아요.

기상청은 동해안 숲에 태풍 버금가는 강풍을 자주 예고합니다. 2020년 전후 기후변화 현상이 더욱 심각해지면서 거센 바람을 타고 막대한 면적의 산림을 거듭 태웠어요. 다행히 전국의 소방관이 신속하게 모여 고생하면서 불을 껐지만 기상이변은 계속 이어집니다. 반복될 가능성이 크죠. 숲이 마르는 계절이 되면 강원도 양양과 간성 사이에 산불이 잦았는데, 최근엔 경상북도와 경기도까지 위협한다고 합니다.

미국도 비슷한 지역이 있어요. 캘리포니아주에서는 해마다 산불이 발생해 서울시 면적의 숲을 태운다고 하잖아요. 수십 미터 넘는 나무들로 울울창창한 숲이었는데 대부분 잘라 내고 도시와 농장을 만들면서 사람에게 필요한 나무만 골라 심은 결과예요. 날씨가 건조해지면서 점점 더 숲이 단조롭게 변하기도 했고요.

숲에도 공원에도 여러 나무 섞어 심기

'소나무 에이즈'라고 하는 재선충병이 제주도를 휩쓸더니 지리산 남쪽 지역으로 확산되었습니다. 재선충은 1밀리미터 크기에 불과한 기생충이에요. 실처럼 가는 선충인데, 주로 솔수염하늘소가 퍼뜨리죠. 솔수염하늘소가 봄철 소나무 새순을 갉아 먹을 때 솔수염하늘소의 몸에서 빠져나가 소나무로 침입하고, 다른 소나무로 빠르게 퍼진다고 해요. 다른 원인을 지적하는 학자도 있어요. 같은 품종의 소나무를 한 지역에 집중적으로 심어서 재선충의 전파가 빨라졌다는 거죠. 그 학자는 여러 활엽수를 섞어 심었다면 재선충 감염뿐 아니라 화재도 피할 수 있다고 덧붙입니다.

우리나라 산림은 인공림이 많고, 인공림에는 소나무가 많은 편이에요. 동해안을 바라보는 강원도가 특히 그래요. 예전 아궁이에 불을 붙일 때면 소나무를 먼저 넣었어요. 소나무 송진이 많이 포함되어 불에 잘 타니까요. 이렇게 불쏘시개가 되기 쉬운 소나무를 많이 심는 이유는 무엇일까 궁금합니다.

겨울철 산불이 잦은 지역에 심은 소나무는 대개 목재용이 아니에요. 경상북도 울진과 청송 지역의 춘양목처럼 곧게 자라 오르지 않거든요. 소나무 심기를 고집하는 지역은 대부분 값비싼 송이버섯을 채취하는 곳으로 유명하죠. 송이버섯은 소나무 숲에서 자라거든요. 설마 송이버섯을 따려고 소나무만 심는 건 아니겠죠? 송이버섯은 자연스러운 소나무 숲에 많습니다. 그러니 송이버섯 채취를 위해 소나무만 심는 것보다는 여러 활엽수를 섞어 심어서 산불을 예방하는 것이 낫겠죠.

근린공원의 애벌레와 살충제

텃새라도 겨울철이면 따뜻한 곳으로 모여드는데 까치는 늘 제자리를 지킵니다. 아파트 단지의 작은 녹지를 떠나지 않는 까치는 겨울이 오기 전에 잘 먹어 둬야 합니다. 근린공원의 나무에 열매가 열리니 다행이죠. 공원과 길가에 심은 플라타너스의 잎사귀를 갉던 애벌레는 가을이 들어서기 전에 통통해집니다. 지구온난화가 진행되면서 근린공원도 겨울에 따뜻해졌는데 공원의 나무 종류는 단순합니다. 그래서 열매 종류도 단순하고 잎사귀 갉는 애벌레 종류가 많지 않아요. 대신 사람이 북적이니 참새, 딱새, 박새, 딱따구리 들이 가까이 다가오기 어렵겠죠.

근린공원을 이용하는 시민들은 가까이 다가오는 새들을 반가워합니다. 해코지하지 않는 사람이 늘어나니 새들도 예전처럼 멀리 달아나지 않네요. 2미터 정도까지 다가서도 달아나지 않는 새가 늘어났어요. 그런데 시민들은 새는 반기면서 꿈틀거리는 애벌레는 싫은 모양입니다. 위험하지 않건만 사람들은 흠칫 놀라며 물러서요. 그러더니 어느 날인가 나무에 살충제를 뿌리더군요. 사람들이 '송충이'라고 하는 그 애벌레를 없애 달라고 민원을 넣었기 때문이라고 해요. 살충제를 뿌리고 나서는 무수하던 애벌레 수가 크게 줄었어요. 그런데 새들까지 자취를 감췄어요. 애벌레가 없어졌기 때문일까요? 살충제에 우수수 떨어진 애벌레가 다 죽은 건 아니에요. 살충제 독성을 견디고 살아남은 애벌레는 다시 늘어나 공원 나무의 잎을 갉을 게 틀림없어요.

그런데 나무에 뿌린 살충제가 땅에 스몄나 봅니다. 이튿날 공원 바닥은 죽은 지렁이가 지천이었어요. 지렁이가 죽을 정도여도 살충제 냄새에 아랑곳하지 않는 아이들은 땀에 젖어 놀던데, 괜찮을까요? 근린공원 나무에 뿌린 살충제 대부분은 바닥에 떨어져 말라붙었고, 아이들 뛰는 발에 풀썩풀썩 날려 코 높이까지 떠올랐을 거예요. 공원 의자에 앉아 쉬는 노인들 근처로 날아들었을지도 모르죠. 살충제를 뿌리지 않았다면 까치와 텃새들이 애벌레 수를 조절했을 것입니다. 공원에 다양한 나무를 심었다면 여러 종류의 애벌레가 나타나고 많은 새가 잡아먹었을 거예요.

공원을 산책하는 사람의 어깨에 이따금 애벌레가 떨어지면 놀랄 수도 있지만 털어 내면 그만이죠. 털어 낸 애벌레는 까치가 잡아먹을 테고요. 애벌레가 징그러우면 나방이 알을 낳기 전에 나무의 줄기에 짚을 둘러놓으면 좋아요. 이듬해 봄에 그 짚을 태우면 붙었던 알도 탈 테니까요. 예전부터 이이 온 방제 방식이에요. 그런데 보기 징그럽다고 살충제를 뿌려 없앤다면 자연의 순환 질서가 무너지고, 그 피해는 고스란히 사람에게 돌아갈 것입니다.

★ 함께 생각해요!

1 숲에 한 가지 나무만 심으면 안 되는 이유는 무엇일까요?
2 공원에서 만나는 애벌레와 새에 대한 생각을 나눠 봅시다.

3

점점 쓸쓸해지는 바다

　흔히 '우럭'이라고 하는 조피볼락은 인천 앞바다에 아직 많이 있습니다. 파도 낮고 물때 맞을 때 먼바다로 가면 아이스박스를 채울 수 있어요. 영흥도의 화력발전소 안에 마련한 양식장에서 조피볼락 치어를 대량으로 키워서 바다에 방류하기 때문이에요. 그런데 다른 종류는 보기 어려워졌어요. 바다를 거침없이 개발하면서 예전에 많았던 종류의 물고기들이 사라졌어요.

갯벌과 함께 사라진 바다 생명체

여러분 할아버지의 아버지가 젊었을 때(대략 100년 전이겠죠) 인천에 민어가 많았다고 해요. 크고 가격도 저렴해 백성들도 쉽게 먹어서 민어民魚라고 했나 봐요. 덕적도에 나가면 민어 소리로 시끄러울 정도였다고 해요. 그러던 것이 할아버지가 젊었을 적인 1960년대부터는 부자가 아니면 먹기 어렵게 드물어졌다고 하죠. 그래도 갈치는 적지 않았어요. 제가 어렸을 때 작은 갈치를 듬성듬성 토막 내어 김장 김치 사이에 넣었죠. 이른 봄 살얼음이 낀 김치를 항아리에서 꺼내 쫀득쫀득한 갈치 살점을 먹는 기쁨을 누렸으니까요. 강화도 연안에서 트럭이 뒤집힐 정도로 잡던 밴댕이도 2000년대부터 수입하더니 이젠 '물텀벙이'라고 부르던 아귀마저 드물어졌어요. 그물에 걸려 올라오면 '재수 없다'고 어부들이 바다로 텀벙텀벙 던져서 '물텀벙이'로 불렸다고 하죠. 그 흔하던 가무락(모시조개라고도 하는 부족류 백합과에 속한 조개. 개펄의 진흙에 산다)과 동죽(조개의 한 종류. 감칠맛이 좋아 '맛의 감초'라고 불린다)도 옛이야기가 되었습니다.

바닷물고기와 조개류의 오랜 산란장이자 삶터인 갯벌이 매립되었기 때문이에요. 갯벌의 터줏대감이던 가무락과 동죽은 화석으로 일부 보존될 수 있겠지만, 돌아올 줄 모르는 조기와 갈치는 우리 기억에서 사라질 겁니다. 콘크리트 제조에 사용할 모래를 바다에서 퍼 올리면서 해양 생태계가 황폐해졌고 아귀마저 떠났어요. 대신 갯벌이던 지역은 휘황찬란하게 변했군요. 130제곱킬로미터에 이르는 인천의 경제자유구역, 송도국제도시와 청라국제도시, 그리고 영종하늘도시가 그렇습니다.

건설업자는 곱디고운 개흙과 모래로 형성된 갯벌을 연약지반이라고 말해요. 연약지반을 초고층으로 차지한 건물은 안전할까요? 건축 전문가들은 안전을 확신합니다. 갯벌 아래의 단단한 암반까지 파내고 건물을 지었기 때문이라는데, 날로 심각해지는 기후변화 시대에도 안전을 장담할 수 있을까요? 지구온난화로 바닷물이 점점 올라오잖아요. 온실가스 배출을 줄이지 못하면 해안 도시는 결국 해수면 아래로 가라앉을 것이라고 기후학자는 예견합니다.

서해안으로 들어온 태풍 제니스가 한반도 허리를 관통해 동해로 빠져나간 1995년, 1200여 명의 어촌계 조합원은 할 말을 잊었어요. 갯벌 사방을 둘러보아도 보이는 건 하얗게 입 벌리고 죽은 동죽과 바지락뿐이었으니까요. 양식장에서 키운 어린 조개(종패)를 뿌린 지 3년, 풍요로운 추석을 기대했던 조합원들은 눈앞이 캄캄해졌죠. 신도시를 건설한다고 문학산 기슭에서 뜯어 낸 돌과 흙더미를 갯벌에 쏟아부을 때만 해도 눈에 띄는 문제는 없었는데, 태

수많은 생명을 품은 갯벌에는 계절마다 철새도 찾아옵니다.

풍이 휘몰아치면서 탈이 난 거였어요. 쌓던 제방의 흙이 빠져나가 갯벌을 덮치자 조개들이 한순간에 죽은 것이죠. 모든 조합원이 날 마다 60킬로그램씩 4년을 채취할 양이었어요.

"세계 5대 갯벌" 중 으뜸이라 자랑하던 인천의 갯벌은 끊임없 는 매립과 개발로 현재 아담하게 줄어들었습니다. 밀려나는 바닷 물을 따라 수 킬로미터 드러나던 갯벌은 두 세대 전까지 해산물의 터전이었죠. 동죽, 바지락, 가무락, 백합, 소라, 낙지, 참게뿐 아니라 바닷물이 들어오면 망둥이, 밴댕이, 우럭, 노래미, 숭어, 광어, 조기 를 잡았거든요. 인천만이 아닙니다. 갯벌이 드넓게 펼쳐진 서해안 이 모두 그랬어요. 국토의 65%가 경사가 깊은 산악이고 농토에 비 해 인구가 많아도 서해안에 너른 갯벌이 있어 조상 대대로 풍요로 웠죠. 그러나 지금은 아닙니다.

발전소가 쏟아 내는 온배수 문제

농경지를 만들기 위해 갯벌을 메워 온 건 고려 때부터였어요. 몽골 침입에 저항했던 강화도가 그랬죠. 삽으로 바다를 메웠던 시 절은 규모가 작았지만 일제 강점기부터는 커졌어요. 그리고 1970 년대부터는 중장비를 동원해 대기업과 독재정권의 주도로 먼바다까지 메워 나갔습니다. 인천 이외에 시흥, 평택, 서산, 아산, 당진, 군산, 새만금에서 그치지 않고 광양과 마산, 그리고 제주까지 갯벌은 치명적으로 손상되고 말았습니다. 지금도 진행 중이고요.

수만 년 동안 자연이 만든 갯벌은 20세기 이후 급격히 메워졌습니다. 갯벌의 플랑크톤이 사라져 어패류가 죽자 넓적부리도요새, 붉은발도요, 검독수리가 떠났어요. 육지에서 쏟아지는 영양염류를 분해해 정화하는 갯벌은 온실가스를 가장 효과적으로 제거합니다. 갯벌 1그램에 10억 마리 이상 존재하는 식물성플랑크톤이 <u>탄소동화작용</u>을 하고, 수많은 조개가 두툼한 탄산칼슘 껍질을 만드니까요. 탄산칼슘은 이산화탄소가 주요 성분이에요. 그만큼 온실가스를 줄인 셈이죠. 하지만 갯벌이 공항과 발전소, 공업단지와 신도시로 변한 요즘은 그렇지 않습니다. 온실가스를 펑펑 쏟아 낼 따름이죠.

갯벌이 매립되고 바다가 오염돼도 해산물을 얻을 수 있을까요? 양식養殖이 대안이라고 하는 사람도 있어요. 그럴까요? 양식장

탄소동화작용

녹색식물 등이 주로 잎의 엽록체 안에서 공기 중의 이산화탄소와 뿌리에서 흡수한 물을 빛에너지를 이용해 탄수화물을 만드는 작용. 이때 산소가 나온다.

밖의 물고기는 갯벌 덕분에 스스로 먹이를 찾으며 성장하지만 양식장 안의 물고기는 사료를 먹어야 합니다. 사료는 대부분 작은 물고기로 가공하지요. 바닷속 물고기의 배설물은 해양 생태계에서 순환되지만 양식장에서 거침없이 쏟아지는 배설물은 순환을 방해합니다. 사료에 섞인 첨가물이 무척추동물의 먹이가 되지 못해 썩거나 해파리의 먹이가 되죠. 지구온난화로 바다가 따뜻해지면서 전에 드물던 아열대성 해파리가 무리로 나타나는 이유입니다. 게다가 갯벌에서 해파리를 먹던 병어와 쥐치 같은 물고기마저 마구 잡기 시작하자 해파리는 거침없이 늘어나고, 병어와 쥐치를 먹이로 삼는 우리나라 토종 돌고래 '상괭이'는 굶주리게 생겼습니다. 어쩌다 울긋불긋한 해파리를 꿀떡 삼켰는데, 아뿔싸! 과자봉지였어요. 우리 바다는 이렇게 황폐해졌습니다.

갯벌과 바닷모래가 남은 먼바다는 그럭저럭 견딜 만합니다. 양식장에서 우럭만이 아니라 감성돔, 새우, 주꾸미, 조개 등 '치어'를 대규모로 방류하기 때문이죠. 화력발전소도 치어 양식을 합니다. 발전소 터빈을 돌린 수증기는 식혀야 다시 터빈을 돌릴 수 있는데, 식힐 때 '온배수'라고 하는 바닷물을 사용해요. 온배수의 양은 막대합니다. 발전소 시설 한 군데에서 초당 50톤 이상이에요. 그중 극히 일부를 치어 양식에 사용합니다.

핵발전소 온배수는 화력발전소의 두 배에 달합니다. 핵발전소 온배수에는 방사능이 포함될 수 있어서 양식에는 사용하지 않지만, 우리는 매우 무모합니다. 치어 양식에 그 온배수를 사용한다며 홍보까지 하니까요.

일본은 2011년 폭발한 후쿠시마 핵발전소에서 나온 오염수를 2023년 8월부터 태평양으로 버리기 시작했습니다. 우리나라 바다는 일본 바다에서 멀지 않죠. 독일 해양 연구소 학자들에 의하면 1년이면 우리 바다까지 오염될 정도라고 합니다. 게다가 일본에서 몸집에 커져서 우리나라로 오는 물고기도 있어요. 방어가 대표적이죠. 우리나라는 물론 세계 여러 나라의 환경운동가들이 크게 걱정하며 반대하는 상황입니다.

수증기를 식히며 수온이 3도 정도 오른 온배수는 해양 생태계를 위기에 빠뜨립니다. 지구온난화로 바닷물 온도가 오르는 현상의 절반이 온배수 때문이라고 주장하는 학자도 있으니까요. 우리나라와 일본, 그리고 중국에서 버리는 온배수의 양은 어마어마합니다. 동북아시아 바다의 수온이 유난히 빠르게 상승하는 이유를 잘 설명하죠.

만일의 사고를 가정하면 핵발전소는 상상 이상으로 위험천만합니다. 중국의 동해안, 우리의 서해안과 가까운 바닷가에 핵발전소가 많아요. 세계 최고 속도로 늘어나는 중국의 핵발전소는 건설을 시작한 지 몇 년 안 돼 우리의 두 배가 넘었어요. 절대 있어서는 안 될 일이지만, 그중 하나라도 후쿠시마처럼 폭발한다면 우리 서해안은 영영 버린 땅이 되고 말 거예요.

아름다운 풍광까지 삼켜 버리다

인천 이작도에서 덕적도 인근까지 이어지는 바다는 지구 그 어느 곳도 보여 주지 않는 진귀한 경관을 하루 두 차례 어김없이 연출합니다. '풀등'이라고 하는, 바다 한가운데의 드넓은 모래사장이에요. 썰물로 바닷물이 내려가면 바다 한가운데서 작은 모래 점이 나타나면서 이내 그 점이 선으로, 선은 면으로 확장됩니다. 몇 시간 동안 폭 1킬로미터 길이 5킬로미터가 넘는 모래사장이 드러납니다. 지난 수십 년간 수도권의 건축자재 마련을 위해 바닷모래를 채취하는 바람에 지금은 예전의 3분의 1 수준에 그친 모습이지만 여전히 아름답습니다.

백두대간의 바위는 대부분 화강암입니다. 오랜 세월 모래로 풍화된 작은 화강암이 알갱이가 되어 흐르고 흘러 창조한 풀등은 인천을 중심으로 하는 우리 서해안의 천혜 관광자원입니다. 풀등 위에 서면 누구나 동심으로 돌아가죠. 가슴 뛰게 만드는 풀등은 인천 앞바다 해양 생태계의 기반이면서 어패류의 터전이자 산란장입니다. 그런데 지금 갯벌이 사라지듯 처참하게 쪼그라들고 있습니다.

무차별한 개발로 갯벌만 사라지는 것이 아니에요. 갯벌이 품었던 수많은 생명체와 풍경, 그리고 이야기가 사라집니다. 이제 바다는 쓸쓸해지고 말았어요.

★ **함께 생각해요!**

1 갯벌을 메워 간척지를 만드는 것과 그대로 두어 무수한 생명체를 보존하는 것, 각각의 의미와 가치에 관해 이야기해 봅시다.

신이 된 마야족의 개구리

멕시코 원주민 마야족의 문명을 간직한 유카탄반도에는 강이 없습니다. 물이 거의 없는 땅에서 마야족은 어떻게 유적을 남겼을 까요? 개구리 덕분이에요. 개구리가 보이면 어딘가 물이 있다는 뜻이잖아요. 마야족은 개구리의 발자취를 따라가 물을 찾을 수 있었어요. 물을 찾으면 옥수수를 심었고요. 옥수수는 멕시코 원주민의 오랜 식량이었습니다. 마야족은 지금도 개구리를 신성하게 생각한다고 해요.

우리는 어떤가요? 들판에서 개구리가 사라져도 아무렇지 않을 까요? 개구리가 워낙 흔해서인지 우리는 먹이사슬에서 개구리가 얼마나 중요한지 별로 생각하지 않았어요. 그런데 요즘 개구리 개체수가 부쩍 줄었습니다.

아파트숲 사이로 사라진 김포평야와 금개구리

"사람보다 금개구리가 중요한가?" 대규모 아파트가 예정된 경기도 부천시 대장동 들녘에 나붙었던 현수막 내용이에요. 한강 근처인 대장동 들녘엔 습지가 많고 고도 낮은 습지에 분포하는 금개구리도 적지 않았어요. 금개구리는 환경부가 지정한 보호종이에요. 그런데 아파트가 들어서려면 먼저 논밭을 메우고 그 자리에 콘크리트 건물을 세워야 합니다. 경제 효과를 앞세운 개발로 인해 금개구리의 서식지가 위태로워지자 몇몇 사람들이 생태를 보호하자며 막무가내식 개발을 반대했어요. 그러자 그깟 개구리가 사람보다 중요하냐는 현수막이 나붙은 거죠. 양서류는 뭍과 물속을 오가며 살지만 그중 금개구리는 물속을 거의 떠나지 않아요. 아파트가 빼곡히 들어선 지금 대장동에는 금개구리가 사라졌습니다. 어디로 갔을까요?

대장동 들녘은 김포평야 일부였습니다. 김포평야는 서울과 경기도 주민의 양식을 오래도록 생산했지만 이제 과거의 일이죠. 지금 김포평야 대부분은 아파트 단지가 들어서며 사라졌습니다.

일제강점기 때 비행장이 만들어진 후 김포공항은 1958년부터 국제공항으로 기능하기 시작했어요. 공항이 들어서며 비행기 소음이 발생하자 주민 항의가 거셌지요. 공항 당국은 민원을 받아들여 마을 일부를 옮기고 논을 습지로 보전했어요. 2001년 국제공항을 인천 영종도로 옮긴 이후에는 습지를 메워 골프장을 만들려고 했고요. 습지에 사는 많은 생물에는 도무지 관심이 없었습니다. 그러다가 계획을 바꾸어 수도권 주택난 해결을 명분으로 대규모 아파트 단지를 건설하기에 이르렀고요. 사실 비행기 소음 때문에 골프장은 적합하지 않았어요. 환경단체가 생태학습원을 제안했지만 무시되었죠.

요즘 아파트는 점점 더 높아집니다. 높게 지을수록 건설회사는 돈을 더 벌어들인다는데, 40층을 넘나드는 대장동 아파트로 옮겨 온 사람들도 돈을 벌었을까요? 그런데 사람보다 먼저 자리 잡은 대장동의 금개구리는 사라졌습니다. 보호종이니 대체서식지로 옮겼을까요? 터전을 옮긴 금개구리는 여전히 잘 지낼까요?

기후변화로 해수면이 상승하면 바닷물 수면보다 조금 높은 곳에 자리한 대장동의 아파트들은 바닷물에 잠길 수 있습니다. 막대한 자본과 기술을 동원해 밀려드는 바닷물을 잠시 차단하겠지만, 언제까지 가능할까요? 해외 곳곳의 경험을 보면 기후변화는 우리 상상 이상의 기상이변을 동반합니다. 기후학자들은 자연의 회복탄

멸종 위기의 금개구리를 보호하자는 목소리에 얼마나 많은 이들이
귀 기울일까요?

력성 보전을 당부하죠. 회복탄력성을 위해서는 생물다양성이 보전되어야 하고요. 무수한 생명체가 서식하는 습지가 풍부하면 폭염과 폭우로 인해 파괴된 생태계의 회복을 기대할 수 있습니다. 그러나 습지가 사라지고 생물다양성이 보전되지 못하면 자연의 회복탄력성 역시 무너져 버려 콘크리트에 닥치는 재난은 심각할 수밖에 없어요.

다시 나타난 맹꽁이

농약 때문에 사라졌던 맹꽁이가 최근 다시 나타났습니다. 무슨 까닭일까요? 인구가 많은 수도권에서 농토가 크게 줄었고, 그만큼 농약 성분도 줄었어요. 그러자 장마철이면 다시 맹꽁이 울음소리가 들리기 시작했습니다.

콘크리트에서 이유를 찾는 전문가도 있습니다. 맹꽁이알은 은단처럼 하나하나 떨어져 물에 떠서 장마철 빗물을 따라 흐릅니다. 예전이라면 맹꽁이알이 녹지와 습지가 넓은 지역에 머물겠지만, 콘크리트 위에선 물줄기가 빨라요. 빗물은 어딘가 낮은 곳으로 흘러갔고 맹꽁이알도 퍼졌겠죠. 장마철에 잠깐 고이는 물에서 맹꽁이알은 하루면 올챙이로 변하고 보름이면 작은 성체로 변태합니다. 농약이 사라진 도시의 녹지와 습지는 이렇게 맹꽁이의 서식처가 되었어요.

하지만 거기는 건설업체가 눈여겨보던 땅이에요. 건설업체는 대도시 근교에 아파트를 짓고 싶어 하고, 이상하게 그런 자리마다 맹꽁이가 웁니다. 맹꽁이도 보호종이지만 건설업체가 맹꽁이 때문에 아파트 건설을 포기할 리 없죠. 환경단체 눈초리를 살피며 맹꽁이들을 대체서식지로 옮기지만 대체서식지에서 잘사는지는 살필 겨를이 없습니다.

산양과 실뱀장어가 살 수 없는 환경에서 인간은

"산양이 중요해? 사람이 중요해?" 설악산 오색 케이블카를 요구하는 사람들이 이렇게 목소리를 높입니다. 케이블카를 설치하면 산양이 다른 산록으로 터전을 옮길 거라고 주장합니다. 결국 산양은 터전을 옮길 수밖에 없겠지요. 하지만 산양의 터전은 이미 파괴되었어요. 사람 냄새와 소음, 불빛을 싫어하는 산양은 하는 수없이 다른 산기슭을 찾아 나서겠지만, 자칫 대를 잇지 못할지 몰라요.

케이블카는 등산로 인파를 모두 실어 나르지 못합니다. 여전히 등산로는 사람 발길이 가득할 테고 케이블카가 닿는 지역은 황폐해질 거예요. 케이블카로 오르는 설악산 권금성에 가면 바위투성이만 남았습니다. 인파의 발길에 짓밟혀 나무와 풀을 잃은 몰골이죠. 경관이 수려할 뿐 아니라 동식물이 다양해 국립공원으로 지정한 곳마다 자꾸만 케이블카를 설치하겠다고 나서니 참으로 어처구니없는 일입니다. 개발업체와 상인의 돈벌이가 설악산의 생태계 보전보다 중요할까요? 케이블카는 자연의 동식물 처지에서 정의롭지 않습니다. 또 자연의 회복탄력성을 손상시키므로 미래세대의 행복을 빼앗는 행위고요.

봄철 한강 하구에 그물을 넓게 드리우면 실뱀장어를 넉넉히 잡을 수 있었습니다. 한철 수고로 한 해 벌이도 가능했다는데, 이제는 옛일이 되었어요. 올린 그물에서는 화장품 냄새가 나고 끈벌레가 수북합니다. 끈벌레 사이에 이따금 보이는 실뱀장어와 생선은 대부분 질식해 죽었고요. 실뱀장어를 연구한 해양학자는 한강에 배출하는 하수종말처리장의 처리수를 의심했습니다. 화장품에 들어간 화학물질인, 사향노루 향기를 흉내 낸 '합성 머스크'를 정화하지 않기 때문이라는 거죠. 학자의 추측이 맞다면, 합성 머스크도 정화해야 할 텐데 비용이 크게 들어가는 모양입니다. 서울시가 별도의 처리비용을 감당할까요? 화장품 회사가 값싼 합성 머스크를 포기할까요?

실뱀장어를 양식하는 장어 양식업자의 목소리는 화장품 회사를 움직이게 할 정도가 되지 못합니다. 하지만 분명한 건 실뱀장어가 살 수 없는 환경에서는 화장하지 않아도 아름다운 인간이 결코 건강할 수 없다는 사실이에요. 금개구리도 맹꽁이도 산양도 마찬가지고요.

멕시코 농촌의 붕괴

멕시코 주민의 주식은 직접 재배한 옥수수를 갈아 반죽해서 화덕에 구운 토르티야입니다. 토르티야에 바르는 소스는 세 가지로, 멕시코 국기의 색과 같아요. 초록색은 할라페뇨라는 매운 고추고, 흰색은 양파, 붉은색은 토마토케첩이에요. 이 세 가지 소스를 만두피보다 크고 두툼한 토르티야에 취향대로 바른 다음 닭고기나 돼지고기를 올려서 둘둘 말아서 먹어요.

유카탄반도에 자생하는 5천여 종류의 옥수수는 멕시코인의 생명이자 문화였는데, 요즘 달라졌다고 해요. 미국에서 수입한 옥수수로 만든 다국적기업의 토르티야가 시장을 석권했고, 다양했던 옥수수가 단순해지면서 많은 농민이 농촌을 떠날 수밖에 없었습니다. 멕시코 농촌이 망가지는 걸 본 다국적기업은 토르티야값을 슬그머니 올렸고요. 도시 빈민으로 전락한 농민은 굶주리게 되었습니다.

옥수수의 다양성이 사라지면서 농촌만 파괴된 게 아닙니다. 자연과 문화, 인간관계와 건강까지 병들게 되었죠. 생물다양성을 가볍게 여긴 탓입니다.

★ 함께 생각해요!

  1 자연 속 동식물이 잘 살지 못하는 곳에서 인간은 잘 살 수 있을까요?
  2 생태다양성이 무너지면 어떻게 될까요?

5

나쁜 유전자는 없다

가까운 산을 오를 때 무거운 텐트와 음식을 잔뜩 짊어지진 않지요. 등짐을 짊어진 친구가 있다면, 그는 무척 힘들 거예요. 그런데 만일 갑자기 폭우가 내리고 길이 끊어진다면 사정이 달라집니다. 일행은 등짐 짊어진 친구에게 의지해야 합니다.

생물종 내에 현재 환경에 불리한 유전자를 가진 개체가 드물게 있습니다. 그런데 환경은 변하기 마련입니다. 지금 환경에서 고달픈 생물은 변화한 환경에서 유리할 수 있어요. 온실가스 배출이 늘어나면서 기후가 바뀝니다. 뜻밖의 환경에 유리한 유전자를 가진 개체가 있다면 기상이변이 가혹해도 그 생물종은 멸종되지 않을 수 있습니다. 온난화된 지구에 살아남을 수 있겠죠.

자연 다큐멘터리를 보면, 느닷없이 몰려든 메뚜기 떼가 추수를 앞둔 농작물을 모조리 뜯어먹고 홀연히 날아갑니다. 인류는 강력한 살충제 DDT를 개발했어요. DDT를 뿌리니 메뚜기 떼가 죽었고, 농부는 피해를 막았다고 믿었어요. 하지만 착각이었죠. 극히 일부의 메뚜기가 DDT를 이겨 냈고, 메뚜기가 다시 떼로 늘어나는 시간은 생각보다 빨랐습니다. DDT가 소용없자 사람들은 새로 개발한 살충제로 메뚜기 떼를 물리쳤어요. 이 역시 얼마 지나지 않아 약효가 떨어졌고요. 다시 강력한 살충제를 개발했는데, 이런! 사람이 피해를 보기 시작했습니다.

원하는 유전자만 선택한 결과

2005년, 충청북도 청주시의 한 여고생이 세간에 화제가 된 적이 있습니다. 한쪽 눈의 홍채가 파란색인 오드아이 odd eye 였기 때문이에요.

홍채의 색은 한 가지 유전자에 의해 발현됩니다. 오드아이 학생의 엄마와 아빠는 파란색으로 나타나는 홍채 유전자를 하나씩 가졌지만 열성이라서 겉으로 나타나지 않았어요. '우열의 법칙'에서 배웠듯이 부모 모두 열성 유전자를 하나씩 가진다면 다음 세대에 4분의 1 확률로 열성 유전자가 표현되죠. 이 학생은 그 4분의 1 확률로 오드아이가 된 거예요. 20년 가까이 지난 현재까지 오드아이는 우리나라에서 다시 나타나지 않았다고 해요. 우리나라에 오드아이 유전자를 가진 사람이 그만큼 드문 게 틀림없는데, 왜 고양이 세계에선 흔할까요?

고양이나 사람이나 오드아이 유전자는 흔할 리 없습니다. 고양이에서 오드아이가 흔한 이유는 오드아이 수를 늘리려고 번식 과정에 기상천외한 방법을 동원했기 때문이에요. 특정 고양이끼리 강제로 짝짓기(교배)를 시켜서 새끼를 많이 낳게 한 뒤 선택적으로 일부 고양이만 남기고 원치 않는 나머지 대부분을 없애요. 죽이는 겁니다. 타고난 유전자가 다음 세대로 유전되지 못하게 대폭 지우지요.

살펴봅시다. 먼저, 어렵게 찾아낸 오드아이 고양이를 다양한 품종과 부지런히 교배시킵니다. 태어나는 새끼들은 모두 정상이지만 실망할 필요 없어요. 이번에는 동시에 태어난 새끼 중에서 암수를 골라 여러 차례 교배시켜 많은 새끼를 태어나게 합니다. 두 번째 세대로 접어들게 하는 건데, 그러면 4분의 1 확률로 오드아이를 여러 품종에서 얻을 수 있을 겁니다. 남매끼리 교배하면 유전병을 앓는 새끼가 태어날 수 있어요. 하지만 개의하지 않으면 오드아이는 계속 태어납니다. 이번에는 같은 품종의 오드아이 암수를 교배

오묘한 오드아이 고양이를 상품으로 보는 순간 어떤 일이 벌어질까요?

시켜 다양한 품종에서 오드아이 고양이를 태어나게 하여 비싸게 팔 수 있게 됩니다.

《진화론》을 쓰기 전 다윈Charles Darwin은 불도그를 개발하는 귀족의 연구실을 방문했다고 해요. 마음에 드는 암수를 교배시켜 잔뜩 태어난 강아지 중에서 마음에 드는 암수를 다시 골라 내는 귀족은 남매끼리 다시 교배시켰어요. 그 광경을 본 다윈은 '마음에 들지 않으면 어떻게 하나' 물었어요. 귀족은 퉁명스럽게 "제거한다!"고 말했답니다. 아주 많은 강아지를 희생시키면서 새로운 품종을 개발하는 것인데, 안타깝게 그 불도그는 조상이 가진 유전자 대부분을 잃었죠. 이런 방식의 품종개량은 애완동물만 해당하는 것이 아니에요. 가축과 농작물도 비슷한 과정으로 새로운 품종을 얻어 냅니다. 학자는 그 과정을 '육종'이라고 하죠.

자연에 두 무리의 소가 있다고 생각해 봐요. 양지바른 풀숲에서 무럭무럭 자라는 무리는 덩치가 큰데 고기 맛이 없고, 그늘진 풀숲의 무리는 덩치가 작아도 고기 맛이 좋다면 사람들은 어떤 품종을 원할까요? 두 무리에서 선발한 암수를 교배하면 네 종류의 2세를 얻을 겁니다. 사람들은 4분의 1 확률로 태어난 맛 좋고 덩치 큰 소를 선택해 그들끼리 교배시켜 수를 늘리겠죠?

문제가 생깁니다. 새 품종의 소에 맞는 환경은 자연 어디에도 없는 거예요. 그러면 새 품종이 살아갈 환경을 만들어서 유지해야겠죠. 먹이뿐 아니라 온도와 습도 같은 사육 조건을 지켜야 원하는 특성을 유지할 수 있어요.

타고난 유전적 다양성이 위축된 생물은 약해요. 다 자라도 머그잔에 쏙 들어가는 품종의 애완견은 강아지를 낳다 죽는 경우가 많다고 해요. 지나치게 육종을 진행해서 살아남을 수단을 잃었기 때문인데, 앙증맞은 애완동물이 대개 그렇습니다. 우유를 터무니없게 생산하는 젖소와 살코기가 두 배 이상 늘어난 가축이 그렇습니다. 광우병은 그런 품종에서 발생했더군요.

북극의 곰이 하얀 이유

알비노albino라고 하는 백화현상은 오드아이처럼 열성 유전자의 조합입니다. 백사白蛇가 그렇죠. 드물지만 10만 명 중 한 명 확률로 사람도 있어요. 까치, 비둘기, 다람쥐에 있고, 실험용 쥐가 그래요. 열성 유전자를 가진 개체끼리 교배했기 때문이에요.

북극곰은 모두 하얗죠? 사방이 새하얀 북극 환경이 자연스럽게 곰들을 하얗게 만들었고, 그 과정은 육종 과정보다 훨씬 천천히 진행되었어요. 북극에서 검은 곰은 눈에 띕니다. 곰을 본 물개는 잽싸게 도망갈 테니 검은 곰은 북극에서 굶주리기 쉬웠겠죠. 드물게 나타나는 흰곰은 비교적 쉽게 사냥했을 것이고요. 그러니 열성 유전자라도 북극 환경에서 유리했을 것입니다. 북극여우도 마찬가지예요. 하얀 여우는 눈밭에 숨은 쥐를 잘 잡을 수 있죠. 하프물범의 새끼는 눈부시게 흽니다. 곰의 눈을 피할 수 있어요. 다만 하얀 모피에 혈안인 밀렵꾼을 조심해야 해요. 희게 발현하는 유전자가 애초에 없었다면 곰은 북극에서 살아남기 어려웠을 거예요.

그런데 기억해야 할 것이 있습니다. 북극이 설원으로 바뀔 것을 대비해 미리 유전자가 변화된 것이 아니라는 거예요. 드물어도 원래 있었고 우연히 선택되었던 것입니다. 그렇듯 다양한 유전자를 가진 생물이 변화무쌍한 자연에서도 건강하게 유지될 수 있습

니다. 지금 자연의 모습에 어울리지 않는 유전자라도 바뀐 자연에
서는 잘 어울릴 수 있으니까요. 그러니 세상에 좋은 유전자도 없고
나쁜 유전자도 없습니다.

꿀벌이 사라졌다

20여 년 전, 미국과 유럽의 양봉업자는 '꿀벌집단붕괴현상'으
로 절망했습니다. 건강한 애벌레와 꿀이 가득한 벌통을 나간 꿀벌
이 돌아오지 않았던 건데, 요즘 우리 양봉업자들도 꿀벌집단붕괴
현상으로 걱정이 크다고 해요. 유전자가 다양하지 않은 꿀벌을 한
군데서 집중해 양봉하자 나타난 현상이에요. 남보다 많은 꿀을 빨
리 먼저 모으려는 사람의 욕심이 원인이죠.

다행히 넓은 풀숲의 여러 풀꽃에서 꿀을 찾는 꿀벌은 벌통을
떠나지 않는다고 합니다. 애초의 다양한 유전자를 간직했기 때문
일 거예요. 농약을 자제하는 과수원도 큰 걱정이 없다고 해요. 주
위에 벌을 유인하는 풀꽃이 많으니까요. 그렇다면 대책을 세울 수
있을 겁니다. 먼저 다양한 유전자를 가진 꿀벌을 찾아보는 연구가
필요하겠죠. 물론 농약을 자제해야 합니다.

꽃이 화사한 근린공원에 꿀벌이 보이지 않는 건 주변에 꿀통이

없기 때문일지 몰라요. 농약 뿌리지 않는 근린공원에 농약에 중독되지 않은 꿀벌이 모이도록 벌통을 마련하면 어떨까요? 서울시에서 시도한 적이 있죠. 시민에게 제공할 수 있는 건강한 꿀이 도시에서 생겼을 뿐 아니라 꽃과 시민이 건강해질 거예요. 농약을 뿌리지 않으면 변화하는 자연에서도 살아남는 유전자도 보전하고 도시도 건강해집니다.

★ 함께 생각해요!

1 여러분이 생각하는 좋은 유전자, 나쁜 유전자가 있나요? 그 기준은 무엇인가요?

6

내일을 건강하게 보존하는 생물다양성

　지구촌의 모든 하천은 굽이쳐 흐릅니다. 지구가 23.5도 기운 자전축으로 하루 한 바퀴 자전하면서 태양 주위를 공전하므로 그럴 수밖에 없어요. 산지가 많은 우리나라에서 하천은 흐름이 빠르죠. 산골짜기에서 집채만 한 바위를 휘돌며 흐르다 호박돌(집터 따위의 바닥을 단단히 하는 데 쓰는 둥글고 큰 돌)을 강 중상류에 내려놓고, 자갈과 모래, 그리고 고운 흙을 차례로 내려놓지요. 폭이 넓어지는 강 가장자리에는 어김없이 백사장이 펼쳐지고 하구 바닷가엔 갯벌을 펼쳐 놓아요. 백사장과 갯벌은 예나 지금이나 수많은 조개와 물고기의 산란장입니다.

　빙하에 뒤덮인 적 없는 우리 산하는 고생대 지층을 간직합니다. 장엄하거나 아기자기한 생태공간을 보존하면서 다양한 동식물이 뿌리내렸지요. 산기슭을 푹신하게 덮는 낙엽과 강물을 정화하는 모래 덕분에 조상은 강가와 갯가에 마을을 정했고, 모자람 없이 살아왔습니다. 강과 바다는 단백질을 제공하고 기름진 평야는 풍성한 밥상을 약속했어요. 일제가 수탈하기 전까지 많은 인구가 자급자족하던 터전이었습니다.

이름도 각각 서식처도 각각

좁은 국토 여기저기에서 발원한 하천마다 색다른 민물고기류가 분포합니다. 생김새와 명칭이 비슷해도 미꾸라지와 미꾸리는 엄연히 다른 종이에요. 무늬가 선명한 기름종개 종류는 화강암 모래가 깔린 하천을 좋아하는데, 기름종개와 수수미꾸리는 낙동강에, 줄종개는 낙동강과 섬진강에 가야 볼 수 있어요. 점줄종개는 서해안으로 빠져나가는 하천에 고루 분포하지만, 참종개는 금강과 한강을 떠나지 않고, 왕종개는 영산강에서 남쪽으로 빠져나가는 하천에 두루 살죠. 북방종개는 백두대간에서 강릉 이북의 동해안을 향하는 작은 하천을 떠나지 못하는데, 부안종개는 변산반도를 적시는 백천을 고집해요.

기름종개만 다양한 건 아니에요. 금강모치와 대농갱이와 어름치와 꾸구리는 한강과 금강에 분포하고, 낙동강만 고집하거나 남해안으로 나가는 하천을 떠나지 않는 종류도 많아요. 빙하가 지구를 덮었던 시절, 서해안으로 나가는 하천은 중국 황허강의 상류, 남해안으로 나가는 하천은 양쯔강의 상류였다고 하니 그럴 만하죠. 백두대간에서 동해안으로 나가는 작은 하천은 거대한 호수였던 동해로 모여들었다고 해요. 강의 기원이 제각각이니 민물고기도 다양하겠죠.

우리나라에는 학자도 구별하기 어려운 동물이 많아요. 퉁가리는 한강에, 자가사리는 금강부터 낙동강에 분포하는데, 생김새보다 사는 곳을 보고 구별하는 게 더 쉬워요. 퉁사리도 있어요. 퉁사리는 금강 중류인 웅천천과 영산강 일부에 분포하는데, 퉁가리와 자가사리보다 몸이 둥글다지만 전문가가 아니라면 구별하기 어려워요. 이 세 종류의 생태 습성은 비슷합니다. 자갈과 모래가 깔린 하천 바닥에 살며 낮에는 돌 아래 숨었다가 야간에 물속의 곤충을 잡아먹어요.

퉁가리와 자가사리, 그리고 퉁사리는 메기나 미유기처럼 부드러운 살코기의 맛이 빼어나고 기름기가 많아 매운탕으로 먹기에 좋습니다. 하지만 덩치가 작아서 여러 마리가 필요하겠죠? 강가에 허리를 숙이고 돌을 거푸 뒤적이며 퉁가리를 찾아서 잽싸게 잡지만 손가락 사이로 빠져나갑니다. 놓치지 않으려고 손바닥으로 꽉 쥐면 톱니 같은 지느러미 가시에 찔립니다. 고양이 발톱처럼 평소에는 부드러운 피부에 묻어 놓지만 위협을 느끼면 곧추세우는 가시가 얼마나 단단한지 가죽 장갑도 소용없어요. 이런 경험을 기억하는 퉁가리의 천적은 퉁가리 종류를 다신 거들떠보지 않겠죠? 그래서 그럴까요? 퉁가리는 멀리 달아나지 않아요. 그저 옆 돌에 숨는데, 맑은 물과 돌이 강에서 사라지면 더는 만날 수 없을 거예요.

반딧불이가 사라진 이유

투명한 계곡은 자갈과 바위에 물이끼가 연초록으로 핍니다. 주둥이가 배 쪽을 향하는 모래무지는 물이끼를 뜯어요. 물속 곤충들도 물이끼에 의존합니다. 하지만 흙탕물로 계곡이 더러워지면 탄소동화작용을 하지 못하는 물이끼는 뿌리를 잃고 떠내려갑니다. 물이끼가 사라지면 물이끼에 의존해 살던 다슬기도 떠나고, 다슬기를 먹는 반딧불이도 계곡을 떠나겠죠. 스키장으로 망가진 무주 구천동 계곡에 애반딧불이와 늦반딧불이가 사라진 이유입니다. 하천이 흙탕이 되면 물총새와 청호반새도 떠납니다. 퉁가리와 자가사리도, 메기와 기름종개도 연달아 자취를 감추죠. 해오라기와 수

4대강 사업 이후 해마다 녹조현상이 반복됩니다.

달도 떠날 겁니다.

댐이나 보에 막혀 흐름을 잃은 강의 생태계도 마찬가지예요. 그 자리에 외래종이 들어오면 혼란스러워진 생태계는 여간해서 복원되지 못하고요. 강에 풀어서 키우면 농가에 도움이 될 것으로 짐작했는지, 북미에서 가져와 풀어 넣은 배스와 블루길은 우리 하천에 적응하기 어려웠어요. 강줄기가 봄철 갈수기엔 끊어지고 여름철엔 범람하니 알 낳을 데를 찾지 못했을 거예요. 알을 낳아도 급류에 휩쓸리거나 우리 물고기가 먹었을 테죠. 그런데 흙탕이 광범위하게 고이자 사정이 달라졌어요. 숨을 바위나 자갈을 잃은 물고기들은 배스와 블루길을 피하지 못했고, 우리 하천은 속절없이 단조로워지고 말았습니다. 4대강 사업이 걱정인 이유가 그렇습니다. 최근 금강에서 몇몇 대형 보를 철거하자 회복되기 시작했지만 아직 완전하지 않아요.

고운 흙을 바다로 내려보내는 하구와 하구에서 이어지는 서해안 갯벌은 생명의 보고寶庫(귀중한 물건을 간수해 두는 창고)입니다. 조수간만의 차가 유난히 큰 우리나라의 갯벌은 광활해요. 봄이면 필리핀의 깊은 바다에서 찾아오는 뱀장어를 비롯해 복어와 조기의 터전이고 산란장입니다. 갯벌은 살아 있어요. 게, 조개, 갯지렁이, 그리고 표면의 식물성플랑크톤을 훑어 먹는 숭어의 터전이에요.

갯벌은 대자연의 허파

갯벌은 거대한 스펀지예요. 동식물이 얽히고설키며 미로처럼 뚫어놓은 구멍은 밀려드는 바닷물을 흡수하면서 완충할 뿐 아니라 지구온난화를 막아 줍니다. 이산화탄소를 이용해 탄산칼슘 껍질을 만드는 조개가 풍부한 갯벌에 무궁하게 분포하는 식물성플랑크톤이 탄소동화작용을 하기 때문이죠. 플랑크톤에서 고래까지 이어지는 바다의 먹이사슬을 생각해 봐요. 식물성플랑크톤이 그 시작입니다. 그래서 환경단체는 갯벌을 대자연의 콩팥이요 허파이자 자궁이라고 합니다. 그뿐인가요? 갯벌은 기상이변을 줄이는 데 그치지 않고 해안의 거센 파도를 누그러뜨립니다. 드넓은 갯벌로 파도치며 다가오는 바닷물은 서로 겹치면서 잔잔해지죠.

갯벌을 메우면 철새가 쉴 곳을 찾지 못해요. 밀고 나는 바닷물 가장자리를 따라다니며 부리의 생김새와 다리의 길이에 따라 먹이를 구별하던 도요새와 물떼새 들은 최근 우리나라는 물론이고 세계적으로 개체수가 턱없이 줄었어요. 매립하고 남은 비좁은 갯벌에 밀집해 앉는 철새들은 질병에 걸리기 쉽습니다. 조류인플루엔자가 흔해진 이유는 갯벌 매립과 무관하지 않아요.

여울(물살이 세게 흐르는 곳)과 소(웅덩이), 범람원과 백사장은 다채로운 생태계를 반영합니다. 주기적인 홍수와 가뭄은 강의 생명현상이죠. 커다란 콘크리트로 강의 흐름을 틀어막고 모래를 퍼 내어 백사장을 망가트린 '4대강 사업'은 강뿐 아니라 미래세대의 건강을 해칠 게 틀림없습니다. 환경운동가들은 강이 소리를 잃었다고 안타까워합니다. 새와 개구리가 울지 않는 농촌에 아기 울음도 그쳤죠. 자연이 침묵하자 사람마저 침묵하는 걸까요?

물론 희망도 있습니다. 댐과 보를 철거하자 동식물이 눈에 띄게 늘어난 사례는 미국과 일본에 넘칩니다. 파주 공릉천과 울산 태화강이 살아난 이유도 그렇고요. 사람도 자연의 산물입니다. 자연의 이웃이 돌아오면 사람은 편안해져요. 이웃이 다정하면 마을에 범죄가 없어요. 자연도 마찬가지랍니다. 다양성을 잃은 회색 공간은 자연스러움으로 치료해야 합니다. 지구온난화로 생물다양성을 잃은 생태계는 건강한 내일을 기약하기 어려우니까요.

★ 함께 생각해요!
1 다양한 물고기 이름을 읽으면서 어떤 생각이 들었나요?
2 갯벌의 소중함에 대해 이야기해 봅시다.

3장

공평한 밥상에서

시작되는 평화

음식이 넘쳐서 내일이
불안한 이유

인류는 언제 지구 생태계에 동참했을까요? 화석을 연구한 학자는 직립이나 대뇌 용량을 기준으로 대략 250만 년에서 100만 년 전부터라고 주장하고, 동굴 벽화와 도구 사용의 흔적을 살피는 학자는 10만 년 전후라고 말합니다. 그 무렵 도구와 불, 그리고 언어를 사용하며 생태계에서 자신의 영역을 조금씩 넓히던 인류는 드디어 1만여 년 전 농사를 시작했어요. 다채로운 동식물이 분포하는 생태계가 안정된 덕분이었는데, 경작을 시작한 이후 인류는 자신의 수를 급속히 늘릴 수 있었습니다.

필요한 식량을 그때그때 수렵과 채취로 마련하던 인류는 농사를 지으면서 자연에 편견을 갖기 시작했어요. 농작물을 심으려고 멀쩡한 식물을 뽑아 냈으며 농작물을 먹으려 다가오는 곤충이나 동물은 해롭다며 제거한 것이죠. 농작물에 해를 끼친 곤충이나 동물을 먹어 치우는 동물은 이롭게 여겼을 거예요. 인류는 농사를 시작하면서 가축을 길들여 키웠고, 잡아먹었을 것입니다. 사람이 먹지 않는 농작물로 초식동물을 길들이며 가축 수를 늘렸다고 추측합니다.

이전까지 평등하게 살아온 인류는 수확한 농산물을 저장하면서 사람 사이에 계급을 만들었습니다. 농사짓는 사람과 농산물을 지키는 사람, 그리고 농작물을 나누는 사람의 일을 구별하며 지위가 달라졌죠. 또 수렵·채취 시대와 달리 개인이 땅을 소유하기 시작했어요. 내 땅이 생기자 차별이 생겼고요. 많은 땅을 소유한 사람은 수확하는 농작물도 많을 테니 부자가 되어 권력도 갖게 되었습니다.

넘치는 음식, 굶는 사람들

예전에 핸드폰 광고를 보며 불편했던 기억을 떠올려 봅니다. 광고주는 빠른 검색 기능을 자랑하고 싶었나 봐요. 남대문을 비켜 지나가는 버스 안에서 엄마와 아이가 이야기하는데, 어색했어요.

무릎에 안긴 아이에게 엄마가 "남대문이 국보 1호"라고 알려주자 서너 살로 보이는 아이가 대뜸 "그러면 국보 2호는?" 하고 묻는 게 아니겠어요? 그런 질문을 들은 엄마는 '내 아이가 영특한가?' 생각할까요? 광고는 섣불렀고 아이의 눈높이를 무시했습니다. 영특하다면 "엄마, 국보가 뭐야?" 해야 하지 않을까요?

아이가 어른스럽게 행동하면 대견하게 여기는 부모가 많아요. 고등학교에서 하기 시작한 선행학습을 중학교에서도 하더니 이제는 초등학교도 선행학습에 몰두하네요. 그런 분위기가 만든 걸까요? 그런데 아이를 잘 키우고 싶어 하는 부모들이 안타깝게도 내 아이가 장차 어떤 환경을 만날지에 대해서는 고민하지 않는 것 같아요. 기후변화가 억제되지 않으면 미래세대의 생존이 힘겨워질 것이라는 전문가의 경고가 이어지는데, 대부분 남의 일로 여기는 듯합니다. 특히 먹을거리의 공급이 지금처럼 순조롭지 않을 텐데, 그런 세상에서 내 아이는 예외일 거라고 생각하는 걸까요?

고급 호텔에 초대된 적이 있습니다. 음식값이 부담스러워 평소 엄두 내지 못하는 곳이었죠. 그런데 뜻밖에 어린이가 많았고, 낯선 음식이 마음에 들지 않는지 투정 부리는 모습도 보였죠. 우리나라가 잘사는 나라인 게 분명한 모양인데, 우리나라의 식량자급률이 형편없다는 사실은 대부분 알지 못할 거예요. 관심은 있을까요?

기후변화가 심각해지면 세계의 식량 공급 체계가 무너질 가능

우리나라 음식물쓰레기 배출량은 2019년 기준 연간 500만 톤이 넘습니다.

성이 높아요. 그런 일은 예고 없이 갑자기 닥칠 테고요. 그래서 식량자급률이 중요합니다. 음식 투정을 하는 아이를 보며 불안한 마음이 들었던 이유입니다.

지금 우리가 먹는 식량은 대부분 수입에 의존하고 있습니다. 대략 소비량의 4분의 3을 수입하고, 해마다 수십조 원에 달하는 음식을 쓰레기로 버린다고 해요. 물론 이렇게 음식이 넘쳐도 돈이 없어 굶주리는 이웃도 우리나라에 여전히 많습니다. 가난한 나라는 그 정도가 더 심할 테고요. 엄청난 음식 쓰레기와 굶주리는 사람이 공존하는 이 부조리한 현상을 어떻게 이해해야 할까요?

요즘 음식은 대부분 석유가 없으면 생산할 수 없는 농산물과 고기로 조리합니다. 상품으로 가공해서 판매하는 식품은 석유 의존도가 더욱 심하고요. 석유가 부족해지면 지금처럼 풍요로운 식탁을 받을 수 없다는 얘기죠. 곧 한계가 다가올 거예요. 석유를 연구하는 학자는 2005년부터 석유 생산량보다 소비량이 늘었다고 주장합니다. 다가올 식량 위기를 경고하는 목소리입니다.

넘칠수록 가공할수록 버려지는 음식물

세계 여러 나라의 갖가지 음식이 쌓인 뷔페식당은 대부분 우리 농산물로 요리하지 않아요. 접시를 바꿔 가며 음식을 가져오면서 원산지를 살피는 손님은 거의 없죠. 유전자조작 농산물인지, 광우병 위험이 있는 고기인지, 방사능 많은 후쿠시마 앞바다의 물고기인지, 모릅니다.

음식이 넘칠수록 버리는 양도 많아집니다. 요즘도 비슷할 텐데, 10여 년 전 환경부는 1인당 하루 평균 300그램 정도의 음식물을 버린다고 발표했어요. 해마다 500만 톤 넘는 음식물을 버리는 셈이에요. 농산물 대부분을 수입하는 처지에 지나치다 싶죠? 가정이나 식당에서 버리는 음식물쓰레기도 많지만 실은 식품회사에서 나오는 쓰레기가 훨씬 많다고 해요.

음식물은 가공할수록 쓰레기가 많이 생깁니다. 가공 과정에서 나오는 쓰레기도 많고, 오염된 사실을 나중에 확인하면 시장에 내놓은 제품을 식품회사가 모두 회수해서 버려야 하니까 또 쓰레기가 생겨요. 미국의 경우 햄버거용 고기에서 병균이 검출되면 버리는 양이 더 많을 때가 있다고 하는데, 우리도 다르지 않겠죠. 가공식품이 대개 그렇습니다. 통조림도 유통기간이 지나면 멀쩡해도 버리잖아요? 잘사는 나라들이 대부분 그래요. 오스트리아를 볼까요? 오스트리아의 최대 도시 빈에서 버리는 가공식품의 양은 두 번째로 큰 도시 그라츠에서 소비하는 양과 거의 같다고 해요. 포장을 뜯지도 않은 빵과 유제품을 몽땅 버리고 맙니다. 우리나라도 비슷할 거예요.

음식물쓰레기가 넘치는 세상에서 한편에서는 비만이 가난의 상징이기도 합니다. 미국이 특히 그렇죠. 시간과 경제적 여유가 없는 사람들은 값싼 패스트푸드와 첨가물 섞인 가공식품을 허겁지겁 먹을 때가 많아요. 그래서 필수 영양소와 비타민이 부족해지기 쉽죠. 건강하지 않은 음식에 의존하다 보니 비만이 되는 거예요. 패스트푸드와 가공식품에 길들면 젊어도 성인병에 접어들 확률이 높아집니다.

낮은 식량자급률의 위험성

기후변화가 심각해지면서 폭염과 가뭄이 자주 발생하고 농토가 황폐해집니다. 대표적으로 미국의 농토와 몽골의 목초지가 사막화된 걸 들 수 있어요. 우리나라는 곡식 대부분을 미국에서 수입하는데, 머지않아 한계가 올 수 있어요. 석유 매장량의 한계가 다가오니까요. 지금 어린이가 어른이 될 무렵이면 석유 위기와 식량 위기가 눈앞으로 다가올 것으로 전문가는 전망합니다. 그렇게 되면 미국은 식량을 수출하지 못할 수 있죠. 돈이 많아도 식량을 수입할 수 없게 될 때 우리는 무엇을 어떻게 할 수 있을까요?

옛말에 "사흘 굶어 도둑질하지 않을 놈 없다"라고 했습니다. 먹을 것이 부족하지 않아야 돈도 명예도 유지될 수 있다는 뜻이에요. '평화'平和라는 말의 한자를 살펴볼까요? 공평하게 밥을 먹는다는 의미를 담았어요. 음식이 넘쳐도 돈이 없어 먹지 못하는 세상이나 돈이 넘쳐도 음식이 없어 굶주리는 세상에 평화는 깃들기 어렵겠죠. 그렇다면 자식 키우는 어른은 마음이 급해져야 해요. 미래세대에 평화로운 내일을 물려주어야 하니까요.

농토와 갯벌을 메워 그 자리에 공장을 많이 지은 우리나라는 어느새 선진국이 되었어요. 많은 사람이 뿌듯해하는데, 돈이 많다는 사실만으로 선진국이라고 기뻐해도 좋을까요? 제2차 세계대전

이후 프랑스 대통령이 된 샤를 드골$^{Charles\ De\ Gaulle}$은 식량을 자급하지 못하면 진정한 독립국이 아니라고 강조했어요. 당시 프랑스의 식량자급률은 80%였는데 요즘은 200%에 가깝다고 하죠. 무엇보다 프랑스인은 자국의 농부를 존중한다고 합니다. 농민 덕분에 편안하게 먹을 수 있다는 걸 알기 때문이죠.

누가 생산했는지 잘 아는 쌀과 감자를 먹을 때 우리는 농부에게 더 고마운 마음을 가질 수 있어요. 그리고 내가 생산한 농산물을 먹는 이웃이 누구인지 잘 아는 농부는 함부로 농사짓지 않죠. 식량이든 에너지든 자급에서 멀어질수록 평화도 멀어진다는 사실을 기억해야 합니다.

★ 함께 생각해요!
1 한쪽에서는 음식이 남아서 버리고, 한쪽에서는 굶주리는 상황에 대해 이야기해 봅시다.
2 우리나라의 식량자급률을 보다 상세히 알아보고, 이에 대해 이야기해 봅시다.

2

스마트하지 않은 스마트 농업

이른 봄, 겨울이 짧아지면서 개나리와 진달래가 철모르고 꽃봉오리를 펼치더니 찬 공기에 바로 시들어 버리곤 하네요. 기상이변이 일상이 되면서 뒤죽박죽입니다. 4월부터 서둘러 더워지니 봄꽃이 한꺼번에 피고, 시장마다 내놓는 과일은 제철 과일이 아니에요. 서너 해 전 1월 텔레비전 방송에서 한 어린이가 달걀만 한 딸기를 보여 주더군요. 우리나라 수출 효자상품인 '킹스베리'라고 소개했어요.

5월이 제철이던 딸기는 요즘 3월이면 끝물입니다. 3월이면 마트의 과일 판매대마다 노란 참외가 자리를 차지하니, 참외도 제철을 잊었지요. 계절을 앞당기려면 농부는 비닐하우스 안에 보일러를 켜야 합니다. 킹스베리는 다른 딸기보다 섭씨 2도 이상 올려야 재배할 수 있다니, 태우는 석유량이 꽤 될 거예요. 그런데 딸기도 참외도 꿀벌이 꽃가루를 수정해야 합니다. 비닐하우스 밖은 한겨울이니 꿀벌이 활동하지 않는 계절이고, 어떻게 해야 할까요? 비닐하우스 재배를 위해 따로 꿀벌을 키우는 기업이 있다니 다행일까요? 그런데 일회용이라고 해요. 꽃가루 수정을 마친 농부는 꿀벌이 필요 없어요. 되돌아갈 벌통이 없으면 꿀벌은 모두 죽고 맙니다.

스마트팜은 대안이 아니다

요즘 비닐하우스에서 재배하는 딸기는 흙이 필요 없어요. 하늘과 계절을 탓하지 않는 '스마트팜'smart farm이므로 "세련되게 삽과 호미를 버렸다!"고 자랑합니다. 스마트팜은 농부의 손길을 마다합니다. 선발한 종자에 잘 맞는 온도와 빛, 그리고 준비된 영양분을 필요한 만큼 자동으로 전달하죠. 그뿐 아니라 파종에서 재배, 수확에서 포장에 이르기까지 로봇이 담당하므로 농부의 경험을 거부합니다. 많은 돈이 필요한 최첨단일수록 농촌도 외면합니다.

스마트팜 회사는 인공지능으로 관리하면서 낭비를 줄인다고

스마트팜은 에너지를 많이 소비합니다.

홍보하지만 사실과 다릅니다. 스마트팜은 적지 않은 전기와 석유를 소비해야 하니까요. 그러니 농촌의 평범한 농민에게는 부담이 클 테고, 자연히 대기업이 좌지우지할 거예요. 기업은 규모가 클수록 많은 이익을 원하겠죠? 결국 농산물도 공산품처럼 시장의 값비싼 상품이 되어 경쟁에 휘말릴 테죠. 이를 소비자가 반겨야 할까요? 흙 속 미생물의 도움을 받지 못하는 스마트팜은 채소를 재배하는 수준이에요. 곡식을 생산하는 차원이 아니므로 식량 자급에

도움이 안 된다는 말이지요.

예나 지금이나 경제학자는 "한 국가를 굴복시키려면 그 나라 농업을 죽여야 한다!"라고 주장합니다. 식량자급률이 20%에 턱걸이하는 우리나라에서 스마트팜은 대안이 아니라는 말입니다. 기후 변화 시대에 에너지 위기도 언제 어떻게 들이닥칠지 모르니, 에너지를 많이 소비하는 스파트팜은 오히려 식량 위기를 불러올 수 있습니다. 자칫 식량 수출국에 지배받을 수 있겠죠.

녹색혁명의 시작과 끝

1940년대에 미국이 시작한 '녹색혁명'은 대성공으로 보였습니다. 수확량이 많아지도록 개량한 씨앗에 맞게 물과 화학비료를 투입했더니 밀은 세 배, 옥수수는 두 배 이상 수확할 수 있었으니까요. 개량 씨앗은 종자회사에서 개발한 다수확품종이었어요. 그 씨앗으로 2모작과 3모작까지 가능했으니, 식량이 남아돌아 세계적으로 기아를 해결할 것이라 믿었지요. 그런데 오래 지나지 않아 예상이 빗나갔어요. 조상이 물려준 씨앗을 버리자 한계가 드러난 거예요.

화학비료의 도움이 필수인 다수확품종을 심으려면 농토를 바꿔야 했습니다. 농토를 반듯하게 넓히는 데에서 그치지 않았어요. 넓은 농토에 한두 가지 농작물만 심어야 했어요. 재배 효율성을 높여 생산량이 늘어야 이익이 커지니까요. 그리고 경쟁에 이기기 위해 커다란 농기계가 더 필요하게 되었습니다. 농기계는 자동차보다 많은 석유를 요구해요. 물려받은 농토에 다양한 농작물을 심어 이웃과 나누던 농부는 다수확품종을 심는 농부와 경쟁할 수 없었어요. 소박한 농부는 농사를 포기하고 정든 농촌을 떠났습니다. 이웃이 떠난 자리는 화학비료와 농기계 비용을 부담할 수 있는 농부가 차지했지요.

다수확품종을 심은 농부는 수확한 농작물을 모두 팔아야 합니다. 씨앗을 보관하면 계약 위반이거든요. 다수확품종은 씨앗을 받아 놔도 소용이 없어요. 어떤 처리를 했는지 받아 놓은 씨앗은 싹이 트지 않거나 수확이 형편없었죠. 이래저래 농부는 녹색혁명이 개발한 씨앗을 재배할 수밖에 없었고, 결국 씨앗을 구입하기 위해 비용을 추가로 더 들이게 되었습니다. 손해를 피하려면 비용이 더 들어간 만큼 수확을 늘려야 하는데, 문제가 계속 드러났습니다.

종자회사의 씨앗은 유전자가 단순합니다. 유전자가 단순하면 병충해에 약하죠. 그래서 재배 조건이 까다롭습니다. 한두 가지 농작물만 심은 드넓은 농토에 종자회사의 권유대로 화학비료를 뿌리자 원치 않는 잡초까지 크게 자랐어요. 잡초를 얼른 제거하지 않으면 농기계가 망가질 테니 잡초를 제거하기 위해 종자회사의 권유대로 농약을 뿌립니다. 그런데 몇 해 지나지 않아 해충과 잡초가 거뜬히 농약을 이겨 내는 겁니다. 농부는 더 강력한 농약을 뿌려야 했는데, 점점 강력해진 농약은 흙 속의 미생물과 지렁이를 없애더니 급기야 농부까지 휘청이게 했던 거죠.

유전적 다양성을 잃어버린 씨앗

농약 피해가 심각해지면서 녹색혁명은 실패로 돌아갔지만, 조상이 심던 씨앗을 찾기 어려워졌습니다. 그러자 생명공학이 슬그머니 고개를 들었어요. 해충과 잡초를 물리치도록 유전자 일부를 바꾼 씨앗을 권했죠. 유전자조작 농산물입니다. 유전자조작은 돌연변이와 다르지 않습니다. 다른 생물의 유전자를 강제로 넣는 기술이니까요. 그런데 유전자조작 농산물을 심으면 돌연변이된 유전자가 엉뚱한 생물에 들어갈 수 있어요. 생태학자는 위험하다고 경고했지만 종자회사와 농약회사는 "식량 증산의 마지막 대안"이라고 광고했죠.

녹색혁명처럼 유전자조작 씨앗도 초기엔 효과가 있었어요. 특정 농약을 뿌리자 잡초와 해충이 사라진 것인데, 이 역시 부작용이 나타났습니다. 조작한 유전자가 엉뚱한 생물의 유전자를 오염시켰고, 어느 순간 잡초와 해충까지 농약을 이겨 냈습니다. 농약을 이겨 내는 유전자로 바뀐 것이었어요.

끝없이 펼쳐진 미국 콜로라도주의 옥수수밭.

미국처럼 넓은 농토에 한두 가지 농작물을 심는 국가는 주로 유전자조작 옥수수와 콩을 재배해 사료와 식용유를 만듭니다. 그 사료를 먹는 가축은 괜찮을까요? 식용유는 사람이 먹잖아요.

지구온난화에 이은 기상이변은 유전적 다양성을 잃은 농작물에 부정적 영향을 줍니다. 곡창지대의 가뭄으로 생산량이 줄면 국제 곡물 가격이 치솟지요. 2010년과 2012년의 러시아 가뭄으로 아프리카 여러 국가는 기아를 면치 못했어요. 미국 곡창지대의 가뭄은 멕시코의 가난한 사람에게 고통을 안겼고요. 미국산 옥수수 가격이 올랐기 때문이죠. 곡물의 4분의 3을 미국에서 수입하는 우리나라도 안심할 수 없습니다.

2011년 5월 독일 함부르크는 어떤 의약품으로도 치료하기 어려운 '슈퍼박테리아'로 공포를 느꼈습니다. 함부르크의 공포는 유럽으로 확산되어 1,200여 명의 감염자가 속출했고 열한 명이 목숨을 잃었어요. 전문가는 세계 최대 비닐하우스 단지인 스페인 알메리아에서 생산한 농산물이 원인이었다고 분석했습니다. 알메리아의 농산물이 함부르크를 비롯해 유럽 곳곳으로 수출되었던 거예요. 비닐로 병균과 바이러스의 침입을 차단한다더니, 어떤 일이 생긴 걸까요?

눈에 띄지 않는 미생물은 차단하기가 매우 어렵습니다. 일단 스며들면 피해를 막기 어려워요. 그래서 병균과 바이러스의 침입이 의심되면 밀폐된 비닐하우스나 스마트팜에서 재배한 농산물은 전부 버려야 합니다. 감염 가능성이 높으니까요. 농토를 감염시키는 병균과 바이러스는 바람에 희석되면서 햇볕을 받아 독성이 사라지지만 밀폐된 공간에서는 다릅니다. 스마트팜이 전혀 스마트하지 않은 이유죠.

석유 거품은 머지않아 꺼집니다. 석유가 필요 없거나 석유 소비를 최소화한 유기농업으로 회복해야 농촌과 농민, 그리고 농업도 지속가능합니다. 화학비료와 농약을 없애고 유기농업으로 바꾸면 당장은 수확이 줄겠지요. 그러나 유전자의 다양성을 잃지 않은 씨앗은 힘이 셉니다. 유기농업을 통해 전통 씨앗은 곧 생산량을 회복할 거예요. 물론 농기계와 석유 없는 농업은 힘겹습니다. 많은 땀을 흘려야 수확의 기쁨을 누릴 수 있죠. 그래서 우리 조상은 밥 한 톨 남기지 않았어요. 쌀 한 톨에 농부의 땀 99방울이 담겼다고 여겼습니다.

★ 함께 생각해요!
1 현재 우리나라에서 진행되는 스마트팜에 대해 알아 보고, 이야기해 봅시다.
2 '녹색혁명'에 대한 생각을 나눠 봅시다.
3 유기농업으로 돌아가기 위해 무엇을 해야 할까요?

3

다양성을 잃은 가축의 비극

여름이 지나면 아침저녁으로 선선해지고 하늘이 높아집니다. 하늘이 넓게 열리면 북녘에서 기러기 떼가 파도치듯 알파벳 V자를 그리며 날아오지요. 시베리아 아무르강 주위에서 여름을 지낸 기러기와 겨울철새는 기억을 더듬어 우리 서해안의 갯벌과 너른 호수로 내려앉아요. 그런데 갯벌이 크게 줄어 내려앉을 곳을 찾지 못한 철새들이 갈팡질팡합니다. 먼저 온 새들이 와글와글 모인 모습이 보이네요.

수천 킬로미터를 쉬지 않은 철새들은 몹시 배가 고프겠죠. 갯벌에서 충분히 먹어 쇠약해진 몸을 회복해야 하는데, 갯벌이 벌판으로 변했어요. 얼지 않은 갯벌에서 조개와 갯지렁이를 찾던 철새

> **곤포사일리지**
>
> 수분량이 많은 목초나 볏짚 등을 밀봉 상태로 저장 및 발효하는 것. 주로 가을에 벼를 추수하고 난 다음 남은 볏짚을 이용해 만든다. 발효를 촉진하기 위해 곤포를 제조하는 과정에서 미생물 첨가제를 사용하기도 한다. 주로 소먹이로 사용된다.

들은 별 수 없이 가을걷이 마친 들녘에서 떨어진 곡식을 먹어야 했습니다. 그런데 볏짚에 붙은 쌀마저 드물어졌어요. 탈곡한 볏짚을 기계로 돌돌 말아 커다란 비닐에 담았기 때문이에요. 소 목장으로 보내는 곤포사일리지죠.

빼곡히 들어선 양계장과 조류인플루엔자

서해안 갯벌은 매립돼 논이 되었지만, 쌀값이 떨어지면서 들판에 창고 같은 건물이 생기기 시작했어요. 살코기를 위해 소와 돼지를 키우는 목장과 거대한 양계장입니다. 외양간에 가축 한두 마리를 키우는 농부는 이제 없어요. 한꺼번에 소는 수백 마리, 돼지는 수천 마리를 키우고, 닭은 수만 마리를 가둬서 키우니까요. 규모를 키운 목장과 거대한 양계장에서는 수입한 곡물로 가공한 사료를 줍니다. 그러니 사료를 실은 트럭이 끊임없이 드나들 수밖에 없겠죠.

겨울철새가 날아올 때면 조류인플루엔자A.I, Avian Influenza를 조심합니다. 한 마리라도 걸리면 양계장의 모든 닭이 순식간에 감염될 수 있으니까요. 바이러스는 사료 트럭을 따라 이웃 양계장으로도 퍼질 수 있고요. 흔히 독감이라고 말하는 인플루엔자는 바이러스로 감염되는데, 감기보다 독합니다. 사람도 걸리죠. 그런데 독감 걸린 사람은 대부분 며칠 앓다 회복되지만 '조류인플루엔자'는 새들에게 치명적이에요. 앓다 회복되는 닭도 있지만 상당수는 죽습니다.

조류인플루엔자는 철새가 옮긴다는데, 철새가 빼곡한 갯벌이나 호수에 죽은 철새는 거의 보이지 않아요. 무슨 이유일까요? 철새 중 일부가 바이러스에 감염된 상태에서 우리 땅에 왔을 수 있습니다. 하지만 대개 금방 회복됩니다. 그런데 닭은 왜 대규모로 죽을까요? 전부 다 죽는 건 아닌데도 축산당국은 다른 닭을 전염시키기 전에 모두 '살처분'합니다. 한꺼번에 죽인다는 말이죠.

인플루엔자 바이러스는 독성에 따라 고병원성과 저병원성으로 나눕니다. 고병원성이 나타나면 발견 지점에서 반경 3킬로미터 이내에서 키우는 닭을 모두 살처분합니다. 전파 속도가 빠르므로 서두르죠. 한 번에 수천만 마리를 파묻은 적도 있답니다. 닭뿐 아니라 오리와 메추리 사육장도 위험 반경 안에 있으면 예외가 없습니

조류인플루엔자 항원이 검출된 한 산란계 농장에서 살처분 작업이 진행되는 모습.

다. 그런데 2003년 이전에 우리나라는 조류인플루엔자에 예민하게 대응하지 않았어요. 존재를 모르지 않았지만 살처분을 하지는 않았습니다.

2003년 이전이라고 겨울철새가 조류인플루엔자를 전파하지 않았을 리 없죠. 다만 그때는 서해안 들판에 대규모 양계장이 지금처럼 촘촘하지 않았어요. 감염된 닭이 있어도 큰 탈 없이 지나갔다는 얘기죠. 그런데 양계장이 지나치게 빼곡히 모이면서 일이 터졌어요. 그리고 이건 우리나라 닭 소비량과도 무관하지 않아요. 1년에 10억 마리의 닭을 먹는다고 하는 요즘, 많은 닭을 한꺼번에 키우고 요리하려면 거대하고 정밀한 기계가 필요합니다.

빠르게 작동하는 기계는 들쭉날쭉한 닭을 처리하지 못하죠. 언제 어디에서 먹든 후라이드치킨용 닭은 크기와 맛이 같아야 하므로 유전자를 단순하게 바꿔야 했습니다. 품종개량은 후라이드치킨용 닭에서 그치지 않았어요. 여름철 복날에 잔뜩 소비하는 삼계탕용 닭도, 달걀 낳는 닭도 사정이 비슷하고, 오리와 메추리도 마찬가지예요. 극단적으로 품종개량을 해서 유전자가 아주 단순해졌고, 조류인플루엔자에 속수무책束手無策(손을 묶은 것처럼 어찌할 도리가 없어 꼼짝 못 함)이 되었습니다. 양계장과 양계장 사이를 3킬로미터 이상 떼어놓으면 전파 속도를 늦출 수 있지만, 닭 소비량이 워낙 많으니 쉽지 않았겠죠.

왜 축사의 돼지만 다 죽을까?

걸리면 모두 죽는다는 아프리카돼지열병ASF, African Swine Fever이 유행하면 전국 돼지 농가의 걱정이 커집니다. 그런데 죽는 비율인 '치사율'이 100%인 질병은 생태계에 있을 수 없습니다. 모두 죽으면 감염시킬 대상과 병균이나 바이러스까지 사라질 테니까요. 아프리카돼지열병은 멧돼지가 옮긴다는데, 멧돼지는 강원도에서 충청도까지 돌아다닌다고 해요. 바이러스를 전파하면서 죽지 않는다는 거죠. 그런데 축사의 돼지는 왜 모두 죽을까요?

돼지는 보통 10개월 이상 키우지 않습니다. 더 키우면 손해가 늘어나니까요. 그래서 사료의 양보다 살집이 늘어나는 속도가 느려지기 전에 처리합니다. 축사의 조건과 사료의 종류, 온도와 습도를 맞추면 일정하게 자라도록 돼지의 유전자를 단순화했기 때문인지 돼지고기 맛은 전 세계가 똑같아요. 대신 돼지의 체력은 약해졌지만 상관없다고 생각하죠. 어차피 10개월만 키우고 도살장으로 보내니까요. 쇠고기도 점점 비슷해집니다.

공장식 축산에서 소비하는 사료는 세계적으로 막대합니다. 사람이 먹는 곡식의 양보다 적지 않다고 하니까요. 미국에서는 송아지에게 생후 16개월 동안 옥수수 16킬로그램을 먹여 1킬로그램의 쇠고기를 얻는다는데, 가축 전문가는 쇠고기 1킬로그램을 얻으려면 20만 리터의 물이 필요하다고 합니다. 그리고 100칼로리에 해당하는 옥수수를 수확해 사료로 가공하려면 1000칼로리 이상의 석유를 동원해야 한다고 하죠. 파종부터 재배, 운반에서 폐기까지, 석유 없는 가축 사육은 불가능합니다. 미국산 쇠고기 1킬로그램을 수입한다면 16킬로그램의 옥수수, 20만 리터의 물, 그리고 옥수수 열 배 열량의 석유를 더불어 수입하는 셈입니다. 미국은 언제까지 고기와 옥수수를 우리나라에 수출할 수 있을까요?

농업과 축산업은 요즘 다양성이라는 완충장치를 잃었습니다. 돈벌이 경쟁을 위한 극단적 효율화는 농산물에 이어 가축의 유전자를 단순하게 만들었어요. 고기를 안 먹으면 해결될까요? 고기를 사양한다면 구제역과 광우병을 걱정할 필요가 없겠지만, 많은 사람이 고기 없는 저녁을 상상하지 못합니다.

생태계를 고려하는 음식을 생각해 봅시다. 건강한 유기농산물입니다. 건강한 음식을 내 몸이 받아들일 만큼만 먹는 습관이 중요하죠. 인간은 송곳니가 어금니보다 적은 만큼, 육식이 채식의 4분의 1을 넘지 않는 것이 바람직합니다. 가축의 복지와 생명을 희생시키지 않는 유기농 달걀과 우유를 먹고, 지나치게 어린 물고기를 제외하고서 남획과 거리가 먼 해산 무척추동물을 선택하는 거죠. 고기 소비를 줄인다면 사람과 생태계 모두 건강해질 거예요.

★ 함께 생각해요!

1 '살처분'에 대한 생각을 나눠 봅시다.
2 쇠고기 1킬로그램을 생산하기 위해 소비되는 옥수수와 물, 석유의 양을 어떻게 생각하나요?
3 육식에 대해, 내가 먹는 것에 대해 조금 더 깊이 생각해 봅시다.

문화를 잃은 음식

명절이면 수도권에 사는 사람들은 고향에 내려가 부모님이 챙겨 놓은 온갖 곡식과 과일을 실어 옵니다. 몸은 멀리 떨어져 있어도 사람들은 어릴 적 고향을 잊지 못해요. 음식이 그 중심이죠. 고향의 논밭에서 나왔으니까요. 하지만 농업과 음식을 기업이 지배하는 지금은 아닙니다.

"그 콩은 감꽃이 필 때 심는 거고, 저건 질 때 심어야 하는 거여!" 할머니에게 콩 심을 때를 묻던 초보 농부는 밭에서 배우는 게 많아요. 사람이 그렇듯 씨앗도 제자리가 있다는 사실을 초보 농부는 농사를 지으며 깨달았다고 해요. 다양한 작물을 심으면 종종 홍수나 가뭄이 들어도 총 수확량은 언제나 비슷했습니다. 남는 농작

물은 이웃의 농작물과 바꾸거나 장터에서 팔아 약간의 돈을 마련
했죠. 자급자족 시절, 땅을 떠나지 않은 농부는 크게 부족할 것도
부러울 것도 없었어요.

우유 식용의 역사

언제부터 우유가 우리 일상에 들어왔을까요? 많은 아시아인이
우유 소화에 어려움을 겪습니다. 우유나 유제품 등에 포함된 유당
을 소화시키지 못하는 유당불내증 때문이죠. 예전엔 아기 때 모유
를 먹는 것 외에는 우유 마실 일이 드물었지만 지금은 많은 이들
이 습관처럼 매일 우유를 마십니다. 또 우유를 넣은 가공식품도 많
아서 아이스크림과 빵을 마다한다고 해도 우유를 완전히 피하기
는 힘들죠.

1970년대 분유를 판매하는 회사에서 '우량아 선발대회'를 주최
한 적이 있어요. 우유나 분유를 먹고 포동포동하게 살찐 아기에게
메달을 걸어 주었는데, 당시 언론의 주목을 받으며 인기를 누렸지
요. 우량아 선발대회는 분유를 먹이면 아이가 무럭무럭 자란다는
환상을 사람들에게 심어 주었어요. 이후 분유 판매량이 급증했거
든요. 신생아에게 모유 대신 분유를 먹이는 비율이 90%에 이른 적

도 있으니까요.

마트에 가면 같은 용량이라도 우유 가격이 다르다는 걸 알 수 있습니다. 단백질 함량의 차이 때문이라고 해요. 높은 가격을 받고 싶은 목장 주인은 단백질이 많이 포함된 우유를 생산하는 젖소를 키워야 할 거예요. 그러려면 사육 조건이 여간 까다로운 게 아닐 텐데, 한두 마리를 키워서는 수지를 맞추기 어렵겠죠. 젖소를 편안하도록 관리하며 송아지를 잘 낳게 유도하면서 영양분이 많은 사료를 먹여야 하니 비용이 늘어날 수밖에 없어요. 외양간에서 한두 마리 키우는 농부에게는 버거울 수밖에요. 결국 질 좋은 우유를 많이 생산해서 큰 이익을 얻는 사람은 농부라기보다는 목돈을 투자할 여유가 있는 기업인에 가깝습니다.

그런데 기상천외한 우유가 등장했어요. 열에 강한 식기의 재료인 멜라민은 무게의 절반 이상을 질소가 차지하는데, 단백질도 질소를 가집니다. 단백질이 많이 함유된 우유일수록 질소도 많이 포함하겠죠. 질소 함량으로 우유의 질을 평가하는 허점을 노린 어떤 식품업자가 슬그머니 우유에 멜라민을 넣었고, 10년 이상 모르고 지나갔어요. 하지만 결국 들통이 나고 말았죠. 2008년 중국에서 벌어진 일이에요. 멜라민 넣은 우유로 만든 분유가 탈을 낸 것입니다. 문제의 분유를 먹은 아기 중 5만 명 넘게 콩팥에 병이 생겼고 그중 네 명이 죽었습니다.

멜라민은 식용이 아니므로 많은 국가가 허용기준치를 정하지 않았어요. 멜라민 우유 사건은 세계적인 충격으로 이어졌고, 세계보건기구WHO, World Health Organization는 부랴부랴 허용기준치를 정했습니다. 어른은 식품 1킬로그램에 2.5밀리그램, 아기는 식품 1킬로그램에 1밀리그램 이하였죠.

화학첨가물, 허용기준치면 괜찮을까?

멜라민뿐이 아닙니다. 몸에 좋지 않은 화학첨가물을 넣은 가공식품이 괜찮을 리 없습니다. 아이스크림의 모양이 유지되도록 넣는 첨가물, 냉장고에 오래 두어도 김밥을 말랑말랑하게 하는 첨가물도 허용기준치가 있습니다. 우리는 허용기준치 이하를 넣었으니 괜찮을 거라 믿고 먹습니다. 안심하기 어려우면 자주 먹지 않아야겠죠. 민감한 사람은 탈이 날 수 있으니까요.

감귤의 껍질은 무엇을 발랐는지 반질반질합니다. 반질거린다고 깨끗한 게 아니에요. 광택이 나도록 농약을 뿌린 것이니까요. 그런데 껍질이 투박하고 윤기 없는 제주 감귤은 며칠 지나기 무섭게 곰팡이가 필 때가 많아요. 유기농으로 생산한 과일이라면 영락없죠. 과일보다 많이 먹는 밀가루는 어떨까요? 장마철에 봉투를

껍질이 반질반질한 귤이 맛있어 보이나요?

열어 놓아도 상하지 않아요. 밀가루를 수출하면서 농약을 뿌리기 때문이라고 해요. 유기농업을 고집하는 어떤 농부는 구더기가 끓는 재래 화장실에 밀가루를 뿌린다더군요. 구더기를 죽일 정도의 밀가루로 만들었으니 과자와 빵이 잘 상하지 않는 건 당연하겠죠? 대기업에서 만드는 과자와 빵에는 적지 않은 첨가물이 더 들어갑니다. 하지만 살펴보며 사는 사람은 드물어요.

많은 양을 한꺼번에 가공하는 식품회사는 첨가물을 외면하기 어렵습니다. 물론 허용기준치 이내로 넣을 텐데, 여러 가지 첨가물이 동시에 들어간다면 허용기준치는 의미를 잃겠죠. 그리고 허용기준치 이하라고 해도 조심해야 합니다. 둘 이상의 첨가물이 동시에 몸에 들어가면 독성이 상승작용을 일으킬 수 있기 때문이에요. 붉게 부풀어 올라 피부를 가렵게 하는 아토피는 식품회사 과자가 드물던 시절엔 없었어요.

《잡식동물의 딜레마》(다른세상, 2008)의 저자 마이클 폴란^{Michael} ^{Pollan}은 미국인을 걸어 다니는 콘칩이라고 썼습니다. 옥수수를 많이 먹기 때문이 아니라 옥수수로 가공한 식품과 옥수수 사료로 키운 가축의 고기를 지나치게 많이 먹기 때문이라는 거죠. 미국은 살찐 사람이 유난히 많은 나라예요. 초등학생의 3분의 1이 비만이라는데, 자라면서 더 늘어난다고 합니다. 그 주범이 옥수수고요. 미국 슈퍼마켓에 진열된 식품의 4분의 1은 옥수수를 가공한 것인데, 우리도 비슷해요. 그런데 옥수수의 허용기준치는 어느 나라에도 없어요.

다양성을 잃은 농작물과 음식

내 땅에서 내가 생산한 농작물이 가장 안전하고 몸에 좋습니다. 대대로 농사지은 선조가 물려준 방식으로 생산한 농작물과 그 농산물로 조리한 음식은 지역의 문화를 담았죠. 그런데 언제부터인가 우리 농촌이 한적해졌어요. 농업은 대를 잃었고 나이 든 농부는 농사지을 기운이 없어요. 하는 수 없이 농기계와 농약에 의존하거나 대규모로 농사짓는 기업에 땅을 맡기는데, 기업은 마을 문화를 무시합니다. 여러 작물을 아기자기하게 심지 않잖아요.

예전에는 환경과 문화에 따라 지역마다 재배하는 농작물이 달랐지만 요즘은 어디나 비슷해졌어요. 음식도 비슷해졌고요. 다양성을 잃은 농작물과 음식은 지역문화까지 흔듭니다. 다국적기업에 농작물과 음식의 선택권을 넘기면서 우리는 음식문화를 잃었습니다. 이제 나와 식구, 그리고 이웃의 건강을 음식으로 보장할 수 없어요. 하지만 음식문화를 되살릴 기회가 영 사라진 건 아니에요. 내 고장이 아니면 먹기 어려운 음식이 있지요. 내 고장 날씨와 문화에 잘 어울리는 음식을 가만히 잘 찾아보고 그것을 다시 살려보면 어떨까요?

★ 함께 생각해요!
   1 가공식품에 들어가는 첨가물에 대해 얼마나 알고 있나요?
   2 음식문화에 대한 각자의 생각을 나눠 봅시다.

5

유기농산물의 진정한 가치

추석 앞둔 어느 날, 낯익은 전자메일을 받았어요. 오랜 직장생활을 중단하고 새로운 인생을 맞으려 배 농사에 도전한 초보 농부였죠. 그는 화학비료와 농약에 의존하던 과수원을 유기농업으로 바꾸는 일부터 시작한다고 했어요. 아무리 노력해도 첫해 수확이 10% 이하에 불과한 '전환기 농업'이에요. 다섯 해 이상 거름을 주며 보살펴야 흙과 나무가 건강해진다고 해요. 초보 농부는 미리 후원을 받아 농사를 시작했죠. 추석 전에 배를 보내 주겠다고 약속했는데, 보낼 날짜가 다가와도 배가 영글지 않자 후원금을 돌려주겠다고 메일을 보내온 거였어요.

제철보다 먼저 시장에 나온 큼직한 배는 성장호르몬을 처리한 결과라고 합니다. '지베레린'이라는 식물의 성장호르몬은 과도한 탄소동화작용을 강요하고 화학비료를 지나치게 빨아들이도록 뿌리를 혹사한다고 해요. 크기에 비해 커다란 배를 주렁주렁 매단 나무는 면역력이 떨어져 병충해에 시달리고 금방 시든다고 합니다. 많은 과수원이 농약과 화학비료를 더 뿌리는 방법으로 이를 해결하지만, 실패가 많답니다. 공장에서 기계 바꾸듯 그럴 때마다 새 나무로 바꾸는 이웃 과수원을 초보 농부는 안쓰러워했어요. 나무를 생명으로 바라보지 않는 마음이잖아요.

11월이 되어야 배를 보낼 수 있으니 기다려 달라고 부탁한 초보 농부는 할인이나 환불을 제안했지만, 후원자들은 모두 사양했습니다. 순리를 고집하는 농부의 자세에 감동해 오히려 배를 추가 주문했죠. 격려가 쏟아진 겁니다. 기운을 낸 초보 농부는 강해진 긍지로 유기농업에 몸과 마음을 바칠 수 있었습니다. 여전히 생산비를 건지지 못하지만, 머지않아 흙과 나무가 살고 소비자가 살면 농부도 살아남을 거라는 신념을 버리지 않았고요.

GMO는 안전하지 않아요

넝쿨이 아니라면 나무는 뿌리와 이어진 줄기가 하늘을 향합니다. 줄기가 자라면서 가지를 펼치므로 높은 줄기의 가지는 폭이 좁고 아래 줄기의 가지는 넓게 펼쳐집니다. 과일나무도 마찬가지죠. 그런데 10월 중순이면 커다란 사과를 주렁주렁 매다는 과수원의 어떤 나무들은 괴상해요. 하늘을 향하는 줄기가 없어요. 과수원은 사람 키보다 낮게 줄기를 잘라 냈고 그 아래 가지들을 옆으로 펼쳐 놓았어요. 사다리 없이 사과를 수확할 수 있도록 높이를 낮춘 것이죠.

줄기가 없는 나무는 영양분을 제대로 빨아올리지 못하고 쉽게 병에 걸려요. 적지 않은 화학비료와 농약이 필요하겠죠. 여기에 성장호르몬까지 처리한 사과나무는 잡초를 없애 주어야 화학비료를 온전히 흡수할 수 있다고 해요. 제초제가 흥건해지면 땅이 단단해집니다. 흙을 부드럽게 하는 생물이 사라졌으니까요. 사과나무 사이를 바삐 오가며 농약을 안개처럼 분무하는 기계는 땅속에 지렁이를 남기지 않죠. 고약한 냄새와 독성에 진저리치고 떠난 벌과 새들은 여간해서 다시 돌아오지 않습니다.

10여 년 전 한 유명한 과학 잡지가 유전자조작생물GMO, Genetically Modified Organism 관련 특집을 실었습니다. 100억 이상 증가할 지구촌 인구의 식량을 GMO가 해결할 것을 기대하는 내용이었어요. 과연 그럴까요? 특집을 살펴보니 글을 쓴 GMO 연구자들은 농사를 지은 적이 없는 게 분명했어요. 외국으로 넘어간 우리의 식량주권에

안타까워하지 않았을 뿐 아니라 점점 심각해지는 기후변화로 농
촌과 미래세대에 닥친 위기에 무감각했거든요. 유전자 다양성이
없는 GMO로 다가올 기상이변을 어떻게 이겨 낼 것인지 고심하지
않고 신기루 같은 가능성을 홍보할 따름이었습니다.

　조작된 유전자는 생태계로 퍼져 나갑니다. GMO의 특징이 그
래요. 중금속을 흡수하는 올챙이의 유전자를 현사시나무와 포플러
에 옮겼다고 주장한 과학자가 있었어요. 1998년 일이에요. 도로에
중금속을 잘 흡수하는 가로수를 심으면 도시가 깨끗해질 것이라
고 생각한 거예요. 하지만 그 과학자는 가능성과 동시에 위험을 경
고했죠. 과학자는 '수평이동'이라고 했는데, 중금속을 흡수하는 유
전자가 다른 식물로 이동할 수 있다는 주장이었어요.

　제초제에도 끄떡없게 만든 유전자조작GM 유채의 유전자는 꽃
가루를 타고 일반 유채에 들어갈 수 있습니다. 콩도 마찬가지입니

GMO를 반대하는 목소리는 세계 곳곳에서 끊이지 않아요.

다. 콩 속의 조작 유전자가 잡초로 옮겨 가면서 잡초도 제초제를 이겨 내는 거죠. 결국 농민이 손해를 보게 됩니다. 미국에서 발생한 일이에요.

GMO는 안전하지 않습니다. 실험 쥐에 GM 감자를 먹이자 뇌와 심장이 수축하고 면역기관이 손상돼 죽는 현상은 쥐에서 멈추지 않을 거예요. 수평이동으로 엉뚱한 생태계를 오염시킬 수 있으니까요. GM 옥수수를 먹인 닭의 폐사율이 두 배 높은 현상이 옥수수 먹는 사람에게 이어지지 않을까요? GM 사료를 먹인 가축의 고기나 우유, 그리고 달걀은 괜찮을까요? 드물게 나타나는 현상이므로 무시해도 좋을까요? 우리나라는 GM 농작물을 심지 않아 그나마 다행이지만 GM 농작물을 가장 많이 수입하는 국가입니다.

땅과 하늘과 사람을 연결하는 유기농업

13세기 페스트가 만연했던 사회상을 반영한 것인지 독일의 동화 《하멜른의 피리 부는 사나이》는 작은 도시 하멜른의 비극을 전합니다. 피리를 불어 쥐 떼를 절벽에 떨어뜨려 없앴건만 마을 어른은 보상해 주겠다는 약속을 어겼어요. 마음 상한 사나이는 피리를 불며 떠났는데, 마을의 모든 아이가 뒤따르며 사라졌다는 내용입니다.

동서고금 질병과 굶주림의 희생자는 언제나 어린이와 노인이었어요. 페스트가 세계 인구를 크게 줄인 13세기는 이미 지났죠. 인구가 훨씬 늘어난 21세기에는 기후위기가 눈앞에 놓였습니다. 기후변화를 막지 못하면 기상이변이 더욱 가혹해질 게 분명합니다. 관측 기록을 경신하는 폭염이 최근 10년에 집중되었어요. 이대로 가면 앞으로 더 심각해질 가능성이 높아요. 미래세대의 운명이 두려워집니다.

여러 차례 강조했듯 다양성을 잃은 농작물은 변화된 환경에 적응할 능력이 없습니다. 여러 농작물을 사이사이에 심고 농약을 자제했다면 농토에 생물이 풍부했을 거예요. 곤충을 닭과 도마뱀이 먹어 치우는 회복탄력성이 살아 있었겠죠. 기후위기를 극복하기 위해서는 생물다양성과 유전자 다양성을 확보해 농토의 회복탄력성을 키워야 합니다. 생물다양성과 유전적 다양성을 보전하는 방법은 유기농업으로 돌아가는 것이고요. 앞서 배 농사를 시작한 농부의 이야기에서 보았듯 유기농업은 더 많은 땀을 흘릴 수밖에 없으니 가격이 다소 높겠지요. 하지만 맛과 영양, 그리고 건강을 전해 주니 결국엔 의료비가 줄어들어 오히려 경제적일 거예요.

유기농업은 단순히 농약을 사용하지 않는다는 의미를 넘어섭니다. 유기농업은 땅과 하늘, 그리고 사람을 유기적으로 연결하니까요. 그뿐이 아닙니다. 땅속 미생물과 하늘의 새를 따돌리지 않으니 세월과 문화를 이어 주죠. 예전부터 전해 오던 이야기가 지금까지 이어지잖아요. 호랑이와 늑대가 산천을 누비던 시절에는 아무도 농약을 사용하지 않았어요. 콘크리트가 생태계를 짓밟지 않았고요. 멧돼지를 내쫓지 않는 유기농업은 많은 전설과 이야기를 남깁니다. 문화가 다양하게 보전되었지요.

농사를 시작한 이래 자연과 유기적으로 이어온 관계를 끊어 버리는 농약을 농부들이 먼저 거부해야 옳지만, 거기에서 그칠 수 없습니다. 소비자는 농약 없이 힘겹게 농사지은 농부에게 고맙고 미안한 마음이 들어야 마땅합니다. 다소 비싸더라도 생태계의 회복 탄력성을 확보하면서 미래세대를 살리는 유기농업이니까요.

★ **함께 생각해요!**

  1 GMO에 대해 얼마나 알고 있나요? 이야기해 봅시다.
  2 흔히 '유기농'이라고 하는 농식품에 대한 생각을 나눠 봅시다.

6

흙에 기후위기의 해답이 있다

흙은 농업의 기반입니다. 농작물이 쓰러지지 않게 뿌리를 붙잡아 주는 흙은 지지하는 역할에서 그치지 않아요. 종류를 헤아릴 수 없는 미생물과 곤충, 지렁이와 거미, 다양한 나무와 풀의 씨앗, 그리고 수많은 동식물이 살아가면서 배설하고 죽으며 남긴 물질이 뒤섞였기에 흙은 농작물에 필요한 영양분을 골고루 제공하죠.

흙은 생태계를 품어요. 버섯은 '균사'라고 하는 물질로 퍼집니다. 눈에 띄지 않는 가는 균사를 한없이 펼쳐 내는 버섯은 주변의 미생물과 더불어 땅속에서 식물과 공생하죠. 식물 뿌리가 흡수할 수 있는 질소와 인, 그리고 금속물질을 버섯과 미생물이 흙에 내놓으면 식물, 그중에서도 사람이 심은 농작물은 버섯과 미생물 생장에 요긴한 영양분을 흙에 흘려보냅니다. 그리고 농토는 해마다 풍요로운 농작물을 선물로 내놓았습니다. 농사를 지은 이래 인류가 지금까지 생존할 수 있었던 이유예요.

농작물은 성장하면서 흙 속의 탄소를 흡수하지 않아요. 농부에게 수확의 기쁨을 안기는 농작물과 열매는 녹색 잎의 몫이에요. 잎사귀 세포 안의 엽록체가 탄소동화작용으로 공기 중 이산화탄소를 흡수하면서 곡식이나 과일이 열리게 합니다. 그런데 땅속 생태계가 건강하지 않으면 탄소동화작용이 활발할 수 없습니다. 식물과 땅의 공생이 공기 속 이산화탄소를 적당하게 유지하고 땅속 생물을 서로 건강하게 합니다. 결국 다양해서 건강한 생태계가 해답인 것입니다. 농부가 열심히 농사를 지어 풍족하게 수확할 수 있는 것은 건강한 흙 덕분입니다. 농약과 화학비료, 석유를 태우며 흙을 짓밟는 농기계를 사용하기 전까지 그랬어요.

흙 생태계를 되살리는 방법

이산화탄소는 해로운 물질이 아닙니다. 지구 대기를 온실처럼 따뜻하게 데우는 이산화탄소가 없으면 생물은 살아갈 수 없어요. 그런데 이산화탄소가 대기에 지나치게 늘어나면서 기후가 변화하니 문제가 생기는 거잖아요. 화석연료를 과하게 태우면서 지구온난화가 시작되었지만, 흙이 품고 있던 탄소가 대기로 나오면서 더 심각해졌다고 주장하는 학자도 있습니다. 농약을 뿌리는 화학농업이 만연하면서 흙 속 생태계가 망가졌기 때문이라는 거예요. 하지만 흙을 연구하는 학자는 희망을 버리지 않습니다. 유기농업으로 흙 생태계를 되살리면 희망이 있다고 주장하죠. 기후위기를 극복하는 가장 효과적인 방법이라고 덧붙입니다.

유기농업이든 화학농업이든 땅 위에 비료를 뿌리면 뿌리는 땅속 깊이 내려가지 않습니다. 농작물이 영양분을 흡수하기 위해 뿌리를 사방으로 깊숙이 뻗도록 유도해야 하는데 말이죠. 어떤 생태학자는 비료도 주지 않는 농업이라야 진정한 '자연농업'이라고 주장하는데, 사실 자연농업은 농부를 지치게 합니다. 또 화학농업으로 생태계가 망가진 흙이라면 미생물이 깃들 때까지 기다려야 하죠. 막연히 기다리는 게 아니에요. 농부는 단단한 흙이 부드러워질 때까지 지치지 않고 잡초와 싸워야 합니다.

자연농업을 연구하는 학자는 한두 가지 농산물이 아니라 식구가 먹을 여러 농산물을 비료와 농기계 없이 골고루 심으라고 권합니다. 상상하기 어려운 권유죠. 하지만 그 이외의 대안은 찾기 어렵답니다. 많은 농부가 마을에 모여 함께 농사를 짓는다면 가능하지 않을까요? 서로 격려하면서 힘을 덜 수 있을 테니까요.

세균과 곰팡이, 원생동물부터 지렁이까지 흙 한 줌에는
5천여 종 약 1억의 생명체가 살고 있습니다.

현실은 어둡습니다. 시간이 지날수록 농민이 소외되는 현실이
니까요. 젊은이가 드문 농촌에는 아기가 태어나지 않습니다. 태어
나도 같이 뛰어놀 또래가 없고요. 마을의 중고등학교는 군청 소재
지로 옮기면서 통폐합되었고, 분교로 유지하던 초등학교마저 속속
문을 닫는 실정입니다. 읍내의 중고등학교에 다니는 학생은 대학
입시에 매달릴 뿐 농사에는 관심이 없잖아요? 상급학교에 진학할
수록 학생은 마을 정서를 잃게 되겠죠.

농촌이 활기를 되찾으려면

농민이 농촌으로 돌아오게 하기 위한 대책으로 교육 개선과 소득지원정책을 제시하는 전문가가 나타났습니다. 그런데 방과 후 학습을 무상으로 지원하고 대학입시에서 가산점을 주자고 하는 그의 주장은 답답했습니다. 땅을 살리는 농사에 별 관심이 없는, 대학을 졸업한 젊은이가 고향을 찾을 가능성이 얼마나 될까요? 지역 특산물을 높은 가격으로 판매할 수 있도록 정부가 지원하자는 제안도 나왔어요. 돈벌이가 보장되면 농촌에 활기가 생길까요? 돈벌이 농사에 성공해 사업가로 변신할 농민은 극히 일부일 것입니다. 안타깝게도 흙과 농민을 살려 기후위기를 극복하자는 전문가는 없었습니다.

그런 분위기를 반영했을까요? 로봇이 농사짓는 최첨단 식물공장을 제안하는 전문가도 등장했습니다. 20센티미터 높이로 열 단 이상 차곡차곡 상추와 허브 종류를 쌓아 자동 생산하는 식물공장입니다. 사람은 영양분을 추가하거나 컴퓨터를 조정하면 그만이므로 일손을 줄일 수 있다고 홍보하는데, 과연 농민과 농촌을 위한 제안일까요? 투자가 필요한 사업이니 투자자는 농민보다 종업원을 채용할 거예요. 농촌은 더욱 소외될 수밖에 없겠죠. 농약이 필요 없으니 무공해라고 주장하지만, 정말 그럴까요? 식물공장은 생물다양성과 유전적 다양성이 없는 작물을 생산합니다. 식물공장에 병충해가 발생하면 조류인플루엔자로 주위의 모든 닭을 살처분하듯 끔찍해지는 건 아닐까요?

농촌이 활기를 되찾으려면 먼저 흙을 살려야 합니다. 흙을 살리려면 농민이 농업에 보람과 긍지를 가질 수 있어야 하고요. 중국에서 농업을 연구하는 학자는 농촌, 농업, 농민을 일컬어 '삼농'이라고 하면서 '삼농'을 동시에 이해하며 지원해야 농촌 공동체가 살아난다고 했습니다. 많은 돈을 투자해야 가능한 식물공장에 농촌과 농민의 자리는 없습니다. 그리고 공장에서 일하는 사람은 흙에 관심이 없지요. 흙도 생태계도 살아나지 못합니다.

빠져나가는 농민보다 농촌으로 스스로 들어오는 인구가 늘어나도록 지원할 방법으로 무엇이 좋을까요? 제2 인생을 농촌에서 찾으려고 직장을 그만둔 시민이 늘어난다지만, 줄어드는 농민을 채울 정도는 아닙니다. 귀농하려는 도시인이 안정적으로 정착할 방안을 찾아야 할 텐데, 그러려면 젊은이가 자부심을 품고 찾아와 뿌리 내릴 수 있는 농촌을 만들어야 합니다. 젊은이가 늘어날수록 농촌의 내일이 지속가능해지니까요. 대학입시나 소득으로 유혹하는 대책은 농촌을 더욱 비참하게 만들 뿐입니다. '삼농'을 살릴 대안을 늦지 않게 열린 마음으로 찾아야 합니다.

흙에서 뛰어놀수록 건강해진다

도시 역시 흙으로 살릴 방법이 있어요. 핀란드의 연구가 증명했습니다. 어린이집 마당에 작은 나무와 이끼 종류를 심고 75명의 원아를 하루 한 시간 반, 한 달 동안 흙에서 놀게 했더니 뚜렷하게 건강해졌다는 거였죠. 핀란드 학자는 생물다양성에 주목했습니다. 사람 피부에 공생하던 박테리아가 돌아왔고 면역력이 높아졌다는 것이죠. 우리나라도 마찬가지일 거예요. 흙에서 뛰어놀 수 있도록 도시 곳곳에 마당과 공원을 마련한다면 아이들이 건강해질 게 틀림없습니다. 경기도 강화군 유기농 마을에서 비슷한 사례가 있었어요. 아토피를 앓던 도시의 아이가 6개월 만에 피부가 깨끗해졌다고 하죠. 제철 유기농산물을 먹으면서 산과 들로 다니며 뛰어놀자 생긴 효과였다고 해요.

코로나19 이후 동네 병원에 감기환자가 많이 줄었다고 합니다. 마스크를 쓰고 손을 열심히 닦았더니 감기 바이러스 감염까지 줄었나 봅니다. 1960년대, 손에 떼가 찌들도록 뛰놀던 조무래기들은 감기를 몰랐는데, 겨울이면 외투와 털모자로 온몸을 둘둘 마는 21세기 아이들은 감기를 달고 살아요. 피부가 새하얀 도시 아이들은 걸핏하면 병원에 갑니다. 고기를 실컷 먹지만 면역력은 떨어졌습니다.

예로부터 아이와 간장독은 겨우내 밖에 내놓아도 얼지 않는다고 했어요. 빗물이 땅으로 스며드는 텃밭과 공원의 흙에서 아이들이 마음껏 뛰어노는 도시를 꾸미면 어떨까요? 콘크리트와 아스팔트로 뒤덮인 도시는 허약합니다. 아무리 높고 빠르고 휘황찬란해도 흙을 잃은 도시의 내일은 지속가능할 수 없어요. 흙과 생물을 보기 어려운 도시는 그곳에 사는 사람에게 건강과 행복을 선사하지 않습니다.

흙과 풀과 나무가 건강한 도시를 생각해 봅니다. 사람이 모이고 이야기를 나누는 도시는 아름답죠. 도시의 주인공은 시멘트와 자동차가 아닙니다. 도시에서 흙은 생명입니다.

★ 함께 생각해요!
  1 생태계를 품은 흙에 대해 이야기해 봅시다.
  2 흙을 밟고 뛰어놀았던 경험을 나눠 봅시다.

4장

정의로운 삶으로

하늘이 좁아지는 도시

낯모르는 사람이 많은 도시는 항상 빠릅니다. 사업을 하든 편의점을 운영하든 사람들은 많은 약속을 이어가면서 몸과 마음을 바쁘게 움직이죠. 도시 안에서 자체적으로 해결할 수 있는 일이 많지 않기에 사람들은 필요한 물건을 외부에서 가져와야 합니다. 먹고 입을 물품이 넘치지만 부족하다고 안달합니다. 그런데 옷을 파는 가게는 많아도 옷을 만들지는 못합니다. 옷을 만들려면 옷감과 실을 도시 밖에서 가져와야 해요. 식당과 주택도 마찬가지예요. 농촌과 광산에서 농작물과 시멘트 가져와야 합니다.

일이 많으면 약속이 늘어나고 더욱 바빠집니다. 바쁘게 돌아다니는 사람이 늘어날수록 도시는 덩치를 키워야 하죠. 먹고 입으며 머물 공간뿐 아니라 약속하고 돌아다닐 수단을 마련하느라 건물을 높이고 도로를 확장합니다. 거기에서 그칠 수 없어요. 석유, 가스, 수돗물을 끌어온 뒤 쓰레기는 밖으로 내보내야 합니다. 도시가 커질수록 내뿜는 온실가스와 오염물질, 그리고 생활하수와 폐기물이 늘어날 수밖에 없습니다.

높은 건물의 깊은 그늘

비가 내리자마자 흥건해지는 도시는 지독한 사막입니다. 비가 그치면 바로 바싹 마르죠. 떨어지는 빗물은 막무가내 낮은 곳으로 흐르는데, 미리 대비하지 못하면 어딘가에서 넘칩니다. 숲이나 호수와 달리 콘크리트와 아스팔트는 빗물을 전혀 흡수하지 못하니 저지대에 사는 시민에게 뜻하지 않은 피해를 안길 수 있어요.

높은 건물은 눈에 잘 띄므로 겉보기 멋지게 꾸밉니다. 건물을 높게 짓는 데 많은 돈을 쓴 사람은 그만큼 벌어야 하므로 건물 안팎을 화려하게 만들겠죠. 그것을 위해 적지 않은 에너지를 소비해야 할 것입니다. 그뿐 아니에요. 일할 사람이 필요합니다. 이른 아침부터 늦은 밤까지 청소를 해야 쾌적함이 유지될 테니까요. 서울 강남과 인천 송도신도시의 건물들은 새벽 첫 버스와 지하철을 타는 사람, 청소를 위해 옷차림이 허름한 이웃들 덕분에 명성을 유지합니다. 건물은 높을수록 그늘이 깊어요. 높고 화려한 건물들은 서로 경쟁하는 듯 보입니다. 그런데 경쟁에 휩쓸리면 소외된 이웃을 돌아볼 여유가 없죠. 화려한 건물은 돈이 부족하거나 남루한 사람을 반기지 않아요.

2007년 미국에서 돌이켜 생각하기도 싫은 총기 사건이 발생했습니다. 총기 소유가 허용된 나라에서 가끔 벌어지는 끔찍한 범죄였는데, 일류대학의 학생인 범인이 하필 한국계 청년이었어요. 앞날이 구만리 같은 그는 왜 얼굴도 모르는 또래 30여 명에게 총을 쏘았을까요? 전문가는 극단적인 외로움으로 분석했는데, 어쩌면 두려움일지 모릅니다. 거대 도시에서 성공하려면 경쟁에서 이겨야만 하죠. 밀려났다고 느낀 젊은이는 낯선 공간이 불안했을지 모릅니다. 불안이 이어지면서 분노를 폭발시켰을까요?

경쟁사회는 개개인의 개성을 무시합니다. 자동차가 없으면 이용할 수 없는 양판점(대량으로 상품을 파는 대형 소매점)은 손님과 얼굴을 마주하며 인사 나누던 집 근처의 구멍가게를 몰아냈어요. 미국이나 우리나라나 돈이 부족한 이웃의 사정을 헤아리는 양판점은 없습니다. 손님의 얼굴과 취향을 기억하고 배려하면서 음식을 요리하는 식당은 낯선 사람이 붐비는 공간에서 경쟁하기 어렵죠. 화려한 건물에 들어설 수 없어요.

높이를 자랑하지 않는 녹색도시

건물의 높이를 과시하는 건 우리나라만이 아니에요. 아랍 산유국의 부자들도 앞다투어 높이 500미터가 넘는 건물을 세웠는데, 사우디아라비아의 한 부자는 머지않아 1킬로미터 높이를 과시할 태세입니다. 그렇게 높은 건물을 올리기 위해 얼마나 많은 콘크리트와 에너지를 쏟아부어야 할까요?

초고층 건물이 늘어나면서 도시의 하늘은 점점 좁아집니다. 멀쩡한 아파트를 헐어 낸 뒤 다시 짓는 아파트도 점점 높아지죠. 달음박질하며 연 날릴 공간이 없는 초고층 아파트단지에서 나무와 화초는 잘 자라지 못해요. 빛을 받기 어려우니까요. 땅과 멀리 떨어져 지내는 사람은 괜찮을까요? 공기를 강제 순환해야 하는 건물의 바깥은 더워집니다. 온실가스와 미세먼지도 늘어나겠지요.

우리보다 먼저 고층빌딩의 부작용을 경험한 유럽의 많은 도시는 넓은 도로나 높은 건물을 자랑하지 않는다고 해요. 프랑스 파리는 자동차보다 자전거를 편하게 이용할 수 있도록 도로의 폭을 줄이기 시작했습니다. 자동차가 늘어난다고 도로를 더 만들지 않아요. 시민은 프랑스의 역사와 파리의 문화를 담은 건물을 보전하길 원하니까요. 콘크리트와 아스팔트를 줄이는 대신 파리시는 시민을 위해 텃밭을 넓혔어요. 텃밭을 이용하는 시민은 양판점에 차를 몰

높은 건물보다 녹지를 자랑하는 프랑스 파리 전경.

고 가서 누가 생산했는지 모르는 농작물을 사들일 필요가 없겠죠. 이웃과 이야기를 나누며 텃밭에서 농사를 짓는 시민들은 서로 낯설어할 필요가 없어요. 어려움도 함께 해결해 나갈 거예요.

텃밭과 숲을 자랑하는 녹색도시는 높이를 내세우지 않습니다. 나무보다 높게 올라가는 건물을 짓지 않는다고 해요. 도시의 텃밭과 숲은 배기가스를 정화하고 태양의 복사열을 식혀 주며 빗물을 습지에 잡아 둡니다. 한차례 소나기는 한여름 뙤약볕을 식혀 줄

뿐 아니라 생물다양성이 늘어나는 숲과 초원, 그리고 저수지를 도시 공간 여기저기에 만들죠. 가뭄과 홍수로 인한 피해를 최대한 막아 주는 것입니다. 녹지를 연결하면서 도시 주변의 생태계를 근린공원으로 끌어들이자 동식물이 가까이 다가와요. 경쟁보다 배려가 아름다운 이런 녹색도시에는 낯선 이에게 소리 지르며 폭력을 행사하는 사람이 설 자리가 없습니다.

과시적인 초고층빌딩 경쟁은 미래세대의 내일을 불안하게 합니다. 경쟁은 분노를 일으키고, 분노는 범죄를 부릅니다. 학교에 왕따가 생기고 사회에 은둔자가 증가한다고 해요. 이웃과 다정하던 마을은 자취를 감추게 되죠. 돈과 권력이 만드는 기준은 경쟁이고, 경쟁은 이웃의 개성을 무시합니다. 어깨를 스치고 지나가는 사람이 아무리 많아도, 낯설어요. 철근콘크리트에 갇혀 입시에 매달리는 청소년과 속도에 치여 살아가는 시민은 생태적 감성을 잃지요.

하늘이 좁아지는 도시를 극복하고 미래세대가 지속가능하게 살아가려면 '생태학적 상상력'이 필요합니다. 나와 이웃을 비롯한 생태계의 모든 개성을 존중하고 배려하는 상상력이에요. 콘크리트와 아스팔트로 뒤덮인 회색 도시에 변화가 절실합니다. 이웃을 살필 수 있도록 자연을 도입한다면 외로움을 극복할 수 있을 거예요. 얼굴을 바라보며 천천히 움직이는 녹색사회입니다. 탁 트인 녹색

공간이라면, 하늘이 넓어요. 마음도 넓어집니다.

★ **함께 생각해요!**

  1 점점 높아지는 빌딩숲을 보면 어떤 생각이 드나요?
  2 녹색도시에 대한 자신의 생각을 이야기해 봅시다.

② 전기차와 수소차는 친환경일까?

자동차가 없을 때 걷거나 뛰던 사람은 이따금 말과 마차를 탔어요. 말이 늘자 거리는 말똥으로 더러워졌지요. 자동차가 나왔어요. 이후 거리는 깨끗해졌지만, 화석연료를 태우는 자동차가 거침없이 늘어나면서 하늘이 더러워졌네요. 이제 전기차와 수소차로 해결할 수 있다고 합니다. 그러자 배터리에 충전할 전기와 수소를 분리하기 위한 에너지가 별도로 필요해졌어요. 핵발전소를 추가로 100기 넘게 지어야 한다는 주장이 나옵니다.

수소는 자연에 존재하는 원소 중에서 가장 작아요. 그것이 산소와 만나면 여간해서 분리되지 않는 물이 되어 인체를 포함한 모든 생명체, 그리고 지구 대지를 폭넓게 적십니다. 몹시 가벼운 수소는 우주에 널리 퍼졌고 바닷속에 많아요. 육지의 수소는 다른 원소와 결합한 상태로 존재하고요. 그것을 분리하는 데 많은 에너지가 들어가지만, 순수한 수소를 산소와 만나게 하면 에너지를 얻을 수 있습니다. 그 과정에서 물 이외에 온실가스는 전혀 나오지 않습니다. 전기도 만들 수 있으니 자동차를 움직이게 할 수 있어요. 그러니 친환경일까요?

화석연료를 태워 만든 전기로 운행하는 자동차

수소 에너지는 분명히 깨끗합니다. 문제는 순수한 수소를 충분히 모아야 한다는 데 있어요. 우주에 있는 수소는 가져올 수 없습니다. 바닷속 수소를 모으자니 비용이 어마어마하게 들어가고요. 같은 무게의 금을 사는 비용보다 더 들어갑니다. 차라리 그 돈으로 물을 분해하는 게 나을까요? 그러자면 전기가 필요한데, 수소로 얻는 에너지보다 훨씬 많은 에너지가 들어가야 합니다. 손해가 이만저만 아니죠.

모든 에너지는 전환할수록 효율이 떨어집니다. 석탄에서 얻는 에너지가 100이라고 해 봅시다. 석탄을 태워 물을 끓여서 수증기를 만들고, 그 수증기로 터빈을 돌려서 얻는 전기는 잘해야 40을 넘길 정도입니다. 전기로 전환하는 과정에서 60%의 에너지를 잃는 것이지요. 핵발전소는 10을 넘기기 어렵습니다. 90% 가까운 에너지를 잃는 거예요. 그러니 전기로 물을 분해해 수소를 모으고 그 수소로 자동차를 움직이게 한다면 효율은 더욱 떨어질 수밖에 없습니다.

온실가스를 내뿜지 않는 자동차라고 무조건 친환경이라고 볼 수 없습니다. 친환경 여부를 판단하는 데 연료만 살피면 안 되는 거죠. 연료를 생산하고 모으는 과정에 얼마나 많은 에너지를 소비하고, 오염물질과 온실가스가 어느 정도 배출되는지도 따져 봐야 합니다. 뜨거워지는 지구를 식히려면 화석연료인 경유나 휘발유를 연료로 사용하는 자동차를 당연히 줄여야 하죠. 하지만 단순히 전기차와 수소차를 사용한다고 해결되는 문제가 아니에요. 화석연료를 태워 만든 전기를 사용한다면 더욱 그렇습니다.

핵발전소에서 생산한 전기는 괜찮을까요? 원자력발전소에서는 온실가스가 나오지 않지만 후손에게 위험천만한 핵폐기물을 전하므로 친환경이라고 말할 수 없습니다. 사실 '원자력'이라는 용어는 솔직하지 않아요. 전기는 원자 사이의 반응이 아니라 우라늄 같은 방사성 물질의 핵을 분열시키면서 얻기 때문이에요. 따라서 '핵에너지'라고 해야 옳고, '핵발전소'라고 말해야 맞습니다.

그리고 핵발전소에서 발생하는 핵폐기물의 처리 문제는 간단

말끔해 보이는 핵발전소와 빼곡히 쌓인 핵폐기물.

하지 않습니다. 핵폐기물이 포함하는 방사성 물질의 종류가 많을 뿐 아니라 대부분 치명적이기 때문이죠. 독성이 수만 년 이어지는 폐기물은 안전하게 보관하기 어렵습니다. 그래서 유럽의 국가들은 미래세대의 생존을 생각해 핵발전소 건설을 포기하거나 있는 시설도 없애는 추세고요.

친환경으로 수소를 만드는 몇 가지 방법

화력발전과 핵발전에서 얻은 전기가 아니라면 어떤 전기로 물을 분해해 순수한 수소를 모으면 바람직할까요? 태양 에너지는 무한하고 폐기물이 거의 없으면서 온실가스를 배출하지 않지요. 점점 기술이 향상되면서 비용 부담이 줄어들자 태양으로 전기를 생산하는 나라가 늘어났습니다. 그런데 태양 빛을 받아 전기를 생산하려면 별도의 장치가 필요해요. 교실의 칠판처럼 편평한 '태양광 패널'이 그것입니다. 태양광의 전기 생산 효율이 높아지면서 많은 국가가 화력발전과 핵발전을 줄이거나 없애고 있습니다. 그렇다면 태양광 전기로 물을 분해하면 어떨까요?

태양광 전기로 물을 분해할 수 있습니다. 하지만 아까워요. 물을 분해하면서 낭비되는 에너지가 많은 까닭이죠. 태양광 전기는 가정이나 산업에서 바로 사용하는 편이 훨씬 이익입니다. 또는 태양광 전기로 배터리를 충전하면 전기자동차를 움직이게 할 수 있어요. 수소보다 효율적이긴 한데 배터리를 생각해 보면 갸우뚱하게 됩니다. 배터리를 생산하는 과정에서 생기는 환경문제만이 아니에요. 폐기한 배터리는 재생하기 어려워서 오염물질이 많이 발생하므로 친환경과 거리가 멀죠. 전기차가 많은 제주도에 버려진 배터리가 산처럼 쌓여 있답니다.

배터리가 필요 없는 수소 버스가 드물게 도로를 달립니다. 전기로 분해한 수소가 아니라 천연가스에 물을 넣고 푹 삶아 분리한 수소를 사용한다고 해요. 안전하고 경제적이라고 홍보하지만 실상은 그렇지 않습니다. 수소를 추출하는 과정에서 적지 않은 이산화탄소와 불순물이 나오기 때문이죠. 생물의 몸에 매우 위험한 일산화탄소도 발생하고요. 또 석탄보다 미세먼지가 적게 발생한다고 하더라도 천연가스 역시 화석연료입니다. 온실가스를 무시할 수 없게 배출하죠. 그러니 수소를 분리하는 재료로 천연가스를 소비하기보다 그냥 연료로 사용하는 것이 낫습니다.

한편에서는 원유를 정제하는 과정에서 발생하는 '부생가스'를 활용하자고도 합니다. 지금까지는 태워 버렸지만 부생가스에서도 수소를 분리할 수 있으니까요. 하지만 역시 온실가스와 불순물을 피할 수 없는 데다가 부생가스의 양은 아주 적습니다. 화석연료 자동차를 대체할 수준이 아니라는 거죠.

전문가들은 천연가스에서 추출한 수소를 '그레이수소'라고 합니다. 이때 적지 않게 발생하는 이산화탄소를 따로 모아서 보관하는 방식을 연구하고, 그렇게 분리한 것을 '블루수소'라고 합니다. 그런데 블루수소를 만드는 데에는 비용이 많이 들어갈 뿐 아니라 모아 놓은 이산화탄소를 영구적으로 보관할 방법도 없습니다. 많은 연구가 이어졌지만 지진을 버틸 만한 보관 방법은 없었어요. 태양광 전기로 물에서 수소를 추출하는 것이 가장 청정하다고 해서 그걸 또 '그린수소'라고 주장하지만, 정말 친환경일까요?

높이를 자랑하지 않는 녹색도시

전기차나 수소차를 무조건 부정하는 건 아닙니다. 온실가스 배출이 없는 만큼 화석연료를 태우는 자동차보다는 낫지만 모든 자동차를 대체할 순 없다는 걸 받아들여야 한다는 거죠. 필요한 분야에 제한해 활용할 정도에 불과합니다.

그리고 탄소섬유로 만드는 수소탱크는 기술적으로 부피를 키우기가 대단히 어렵습니다. 수소는 우주에서 가장 작은 물질이에요. 현재 자동차에 필요한 수소를 담는 탱크는 생산하고 있지만,

선박이나 비행기에 사용할 만큼 커다란 수소탱크는 개발되지 않았어요.

우리나라에 등록된 자동차는 2천만 대가 넘습니다. 2030년부터 화석연료 자동차 생산을 중단하겠다고 선언한 유럽의 많은 국가 역시 전기나 수소로 자동차 연료를 대체할 수 없다는 사실을 인정합니다. 사실 자동차가 지나치게 화려해요. 철강, 가죽 시트, 타이어, 그 밖의 물건을 따져 보면 대체로 환경에 해롭지요. 연료와 관계없이 자동차를 대폭 줄일 수 있어야 친환경이라고 평가할수 있을 거예요. 기후위기 시대에 미래세대의 생존을 생각한다면, 버스나 지하철을 확충하고 자전거나 보행으로도 편안하게 이동하는 도시가 최선의 대안입니다.

자동차가 고급일 필요도 없습니다. 솜씨 좋은 장인이 망치를 두드려 용도에 맞는 전기차와 수소차를 소박하게 만들 수도 있다고 해요. 자동차가 드물어지면 넓은 도로를 친환경으로 활용할 수 있습니다. 태양광 패널을 설치하거나 나무를 겹겹이 심을 수 있죠. 넓어진 녹지에는 동식물이 찾아들고 공기는 한결 깨끗해지겠지요. 꿈같은 이야기로 들리나요? 아니에요. 생존이 걸린 이야기입니다. 내일도 건강한 지구는 꿈이 아니어야 합니다. 서둘러 현실로 만들어야 해요.

★ 함께 생각해요!

1 전기차와 수소차에 대해 얼마나 알고 있나요?
2 수소 생산의 실상을 알고 나서 드는 생각은 무엇입니까?
3 자동차 없는 삶을 생각할 수 있나요?

미래세대를 위해 오늘 시작할 일

시청자 여러분! 그동안 안녕하셨습니까? 지금 막 들어온 긴급 뉴스를 알려드리겠습니다. 차마 고향을 버리지 못하고 농사짓고 살아가던 몇 안 남은 늙은 농민들이, 농사일 힘에 버거워 자기 먹을 농사만 짓기로 결의하고 파업을 한 지 벌써 한 달이 지났습니다. 그래도 사람들은 큰 걱정을 하지 않았습니다. 왜냐면 돈이 있기 때문입니다. 돈만 있으면 수입 농산물을 얼마든지 사 먹을 수 있기 때문입니다. 그런데 설마 설마 했던 일이 현실로 다가왔습니다. 한국 농민뿐만 아니라 중국, 미국, 인도, 칠레, 세계 모든 농민이 파업에 동참하는 바람에 마구 들어오던 수입 농산물마저 완전히 끊겨 버렸습니다.

농부인 서정홍 시인이 쓴 "마지막 뉴스"의 첫 구절입니다. 시인은 고향을 떠난 농부에게 시골로 돌아가자며 시를 마무리하는데, 고향의 농토는 현재 보전돼 있을까요? 농토로 돌아간 농민은 건강할 수 있을까요? 다음 구절에서 시인이 상상하듯, 수백 억의 예배당도, 몇 억 아파트도, 조선소와 자동차 공장도, 식당과 병원과 약국과 관공서와 경찰서와 법원마저 식량이 없어 문을 닫을 지경이 되면, 그다음에 어떤 일이 벌어질까요? 교수, 목사, 의사, 변호사, 군인, 경찰도 쓰레기통을 뒤지거나 쥐를 잡아먹어야 도시에서 생존할지 모릅니다. 그러다 시골로 들이닥쳐 농민이 보관해 둔 식량을 마구 약탈하는 건 아닐까요?

걱정스러운 우리나라 식량자급률

2022년 여름, 유럽에 헝거스톤이 나타났습니다. 가뭄이 극심해지자 엘베강 바닥의 바위가 드러났고, 그 헝거스톤에는 "내가 보이면 울어라!"라고 1616년에 새긴 문구가 도드라졌다고 합니다. 페스트와 콜레라가 창궐하고 가뭄까지 겹쳐서 당시 유럽인의 삶은 몹시 고달팠을 것입니다. 섭씨 40도를 오르내리는 폭염과 가뭄으로 406년 만에 나타났던 헝거스톤은 다시 가라앉았지만 안심할 수 없습니다. 코로나바이러스감염증-19와 같은 감염병과 점점 심각해지는 기상이변은 인류에게 또다시 어떤 어려움을 안길지 모르니까요.

관측 기록을 경신하는 폭염이 최근 10년에 집중된 데서 알 수 있듯 기상이변은 점점 심각해집니다. 그리고 우리나라는 식량 대부분을 미국을 비롯한 외국에서 수입하고 있지요. 음식이 넘치는 듯 보이지만 식량 수입이 줄거나 끊어지면 우리나라는 즉각 재앙이 벌어질 것입니다. 그런데 미국 사정이 예전 같지 않다고 합니다. 농토의 사막화가 심각해졌다고 해요. 전에 없이 강수량이 부족해져서 석유를 태우는 양수기를 동원해야 하는 지경이라고 합니다. 화학비료와 농기계로 농작물을 생산해서 수출하는 미국의 농업은 불안하기만 합니다. 헝거스톤을 만난 유럽은 우리보다 식량 자급률이 높고 이를 더욱 개선해 나간다는데, 쌀을 제외한 곡물의 대부분을 수입에 의존하는 우리는 여전히 농업을 뒷전에 둔 것 같습니다.

인구가 줄어들면서 폐가가 늘어나는 시골은 65세를 넘긴 노인이 농사를 도맡는데, 도시는 농촌을 걱정하지 않네요. 도로와 건물, 그리고 식당이 가득한 도시의 시민들은 아파트 시세에 촉각을 세우고 자동차 크기를 비교할 따름입니다. 타인의 슬픔에 공감하지 못하는 도시인도 자식을 키웁니다. 미래세대의 내일을 생각해야 한다는 거죠.

위기를 넘어 지속가능하기 위하여

사람이나 동물이나 여유가 있으면 남을 배려하지만 모자라면 남을 생각하기 어려워요. 생존을 위한 경쟁이 치열해지죠. 자연 안의 모든 생물은 경쟁을 피하려고 생태 조건을 달리하는 방향으로 종을 나누었어요. 하지만 인류는 불가능합니다. 외부에서 지원하지 않으면 모자라는 게 많을 수밖에 없고, 먼저 차지하려고 경쟁이 치열해지게 됩니다. 경쟁은 폭력으로 이어지고 폭력은 멸망을 예고할 수 있어요. 태평양의 외로운 섬 라파누이와 빙하에 뒤덮인 그린란드가 그랬지요.

해안을 따라 나란히 서 있는 거대한 모아이 석상.

1722년 부활절에 도착한 네덜란드 군인이 '이스터섬'이라고 이름 붙이면서 세상에 알려진 '라파누이'는 야자수와 해산물이 넘치는 풍요로운 섬이었습니다. 그러나 인구가 점점 늘어나면서 한계가 다가왔죠. 개발을 자제해야 했지만 섬의 두 종족은 갈등을 키웠고 결국 '모아이'라는 거대한 석상만 남긴 채 역사 속으로 사라지고 말았습니다. 노르웨이의 지원이 끊긴 1400년대 그린란드 주민을 생각해 볼까요? 빙하가 커지던 그린란드에서 유럽식 삶을 고집하던 주민들은 교회에서 굶주려 죽은 청년을 끝으로 사라지고 말았어요. 설원의 원주민인 이누이트의 자연스러운 삶, 자급자족을 외면한 결과였습니다. 지금 그린란드에 사는 사람들은 나중에 유럽에서 들어왔어요.

자급자족이 어려운 지경까지 개발을 밀어붙이면 외부 지원이
줄어드는 순간 혼란이 오게 되죠. 미래세대의 생존을 생각한다면
먼저 내 나라 내 땅에서 식량이든 생활에 필요한 의식주든 자급할
방안을 모색해야 합니다. 간디는 "세상은 모든 이의 필요를 충족시
킬 수 있지만 한 사람의 탐욕도 만족시킬 수 없다"고 했어요. 기후
위기가 더 심각해지기 전에 내일을 지속가능하게 만들어 가는 지
혜가 필요합니다.

미래 생존을 위한 가장 적극적인 방법

한국인 한 사람의 생태발자국은 2016년을 기준으로 3.5헥타르
가 넘습니다. 80억을 돌파한 세계인이 한국인 평균으로 살려면 지
구가 두 개 넘게 필요하다는 의미예요. 지구촌 모든 이가 미국인처
럼 살면 지구가 여섯 개 이상 필요하다고 하죠. 사람 이외의 동식
물은 계산에 넣지 않았는데도 그래요.

식량위기의 신호가 두드러지고 에너지와 자원이 바닥을 드러
내는 상황에서 5천만 인구를 가진 우리에게 남은 시간은 얼마나
될까요? 한여름 호수에서 하루에 두 배로 늘어나는 부레옥잠을 예

생태발자국

인간이 지구에서 사는 데 필요한 의·식·주 등을 제공하기 위한 자원의 생산과 폐기에 드는 비용을 토지로 환산한 지수. 즉 사람이 사는 동안 자연에 남긴 영향을 토지의 면적으로 환산한 수치. 1996년 캐나다 경제학자 마티스 웨커네이걸Mathis Wackernagal과 윌리엄 리스William Rees가 개발한 개념으로, 인간이 자연에 남긴 영향을 발자국으로 표현했다.

지구가 감당할 수 있는 면적 기준은 1인당 1.8헥타르고, 선진국으로 갈수록 이 면적이 넓은 것으로 나타났다. 우리나라는 1995년을 기준으로 이 기준점을 넘기 시작했고, 2005년에는 3.0헥타르에 이르렀다. 생태발자국을 줄이기 위해서는 자원의 낭비를 최대한 줄이고 대체 에너지를 개발해 환경오염의 가속화와 자원의 고갈을 막아야 한다.

로 들어 볼까요? 부레옥잠이 1000배 불어나는 데 걸리는 시간은 불과 열흘입니다. 1000분의 1에 불과한 부레옥잠이 호수 전체를 뒤덮기 전에 대책을 세워야 해요. 여유가 없어요.

서로 돕고 배려하는 사회성을 아름답게 익히며 모자라지 않게 생존할 수 있는 대책은 무엇일까요? 자유롭게 소통하는 마을에서 아이를 기르고 가르치며 밥도 같이 먹는 공동체를 모색하는 사람들이 우리나라와 세계 곳곳에 있습니다. 어려움을 극복하면서 자급자족을 포기하지 않는 이들은 햇빛과 지열로 에너지를 충당하면서 빗물을 활용하고 이웃과 텃밭을 일구지요. 유럽의 많은 국가에서는 내 집 근처에 텃밭이 있는 걸 자랑으로 여깁니다. 텃밭에서 필요한 농산물을 자급하면서 친구도 사귀죠.

자연에서 태어난 사람은 누구나 자연에서 살다 자연으로 돌아갑니다. 태어나는 아이가 넘쳐도 환경문제가 생기지 않던 시절에는 기후변화 문제가 없었어요. 기후변화가 돌이키기 어렵게 심각해지기 전에 공동체에서 자급자족하는 삶을 모색해야 합니다. 자연과 조화로운 범위에서 자급자족하는 농경사회는 어떤가요? 그러자면 우리는 속도와 경쟁을 거부하고, 콘크리트와 도로를 먼저 제거해야 합니다.

인류의 생존을 생각하는 생태학자는 사람이 독차지한 지구의 자연을 동식물에게 돌려주어야 한다고 주장합니다. 인류가 개발한 생태계를 적어도 30% 이상 복원해 자연으로 되돌리자는 제안이죠. 50% 이상 돌려주어야 한다고 주장하는 생태학자도 있어요. 미래세대의 생존을 가장 적극적으로 보전하는 방법이 거기에 있으니까요.

★ 함께 생각해요!

1 우리나라 농촌이 소멸되어 가고 있는 현실에 대해 어떻게 생각하나요?
2 식량자급률이 왜 중요한가요?
3 각자 자신의 생태발자국을 생각해 봅시다.

시끄러워야 민주주의

미국 백악관 앞마당은 항상 시끄럽습니다. 주변 누구도 귀담아 듣지 않는 것처럼 보이지만 목소리는 진지하죠. 소용없는 짓은 아니에요. 방해받지 않는 그 주장들은 사람들 귀에서 귀로 전달되고 시민사회에도 전달되죠. 우리나라도 비슷합니다. 국회 앞은 언제나 확성기 소리를 키운 시위로 시끄럽죠. 얼마 전까지 청와대 앞이 그랬고 요즘은 용산의 대통령 집무실 앞이 그럴 거예요. 주변에 사는 시민과 공무원은 여간 시끄럽고 귀찮지 않을 텐데 항의하는 목소리는 크지 않습니다. 시민사회 편에 서 온 정치학자 더글러스 러미스Douglas Lummis는 일찍이 "시끄러워야 민주주의"라고 말했습니다.

2005년 7월에 서울외곽순환고속도로의 사패산 구간 터널이 완공되었어요. 국립공원 구간이라 환경단체와 불교계의 반대가 극심해서 2년 동안 터널 공사가 중단되었다가 2003년 말 재개되어 개통되었죠. 아직 뚜렷한 생태계 교란 문제는 드러나지 않았어요. 다행입니다. 하지만 2년 동안 뜨거웠던 반대 목소리가 근거 없었던 것도 아니고 무의미했던 건 더욱 아니에요. 그렇게 반대하지 않았다면 공사 당국은 사고 위험과 생태계 교란 가능성을 사전에 파악하지 못했을지 모르니까요.

서울외곽순환고속도로 사패산 구간에 터널이 없다면 지금 불편할까요? 다른 의견을 존중하며 충분히 논의했다면 터널 이외의 다른 방안이 마련되었을지도 모르죠. KTX의 천성산 터널도 아쉬운 건 마찬가지예요. 환경단체와 불교계에서 터널 공사를 반대했을 때 왜 그렇게 극렬히 반대하는지 들어보고, 알아 보고, 이제 와서 대안을 찾기는 어렵다며 살펴봐야 했어요. 그런데 어떻게 했나요? 반대 의견이 나오자 사업자는 터널 구간 바로 앞까지 공사를 서둘렀고, 이제 와서 대안을 찾기는 어렵다며 공사를 밀어붙였죠.

서로 존중하며 양보하고 타협하면서 가는 길

독일의 사례를 살펴볼까요? 해안이 좁은 독일은 화력발전소를 도시에 흐르는 하천 옆에 지을 수밖에 없었어요. 공사를 할 때마다 반대가 심해 늘 긴 논의 끝에 지어졌죠. 발전소 가동 이후 큰 문제가 없는 이유는 짓기 전부터 시끄러웠기 때문이라고 한 시민운동가는 풀이합니다. 소비자와 가까운 곳에 발전소를 짓는 긍정적 효과는 물론 부정적 문제까지 시민들에게 솔직하게 밝힌 뒤, 다양한 의견을 듣고 투명하게 논의하고 합의해 건설했기 때문이라는 거죠. 이해관계가 복잡해서 결정이 쉽지 않을수록 다양한 의견을 표출하도록 허용해야 합니다. 그 과정에서 서로 다른 의견을 존중하며 양보와 타협하면서 마련한 합의는 단단하니까요. 민주주의에서 시끄러움은 사회에 신뢰를 쌓이게 합니다.

러시아 대통령인 푸틴이 전쟁을 일으키면서 2022년 겨울부터 유럽에 천연가스가 모자라게 되었어요. 유럽의 겨울 난방이 어려워졌고 에너지와 전기요금이 급격하게 올랐죠. 독일의 전기요금은 다섯 배나 뛰었다고 해요. 하지만 핵발전소를 모두 껐습니다. 2011년 일본 후쿠시마 핵발전소가 폭발한 이후 독일은 자국의 열일곱 개 핵발전소 중 아홉 개를 바로 껐고 2022년까지 모두 끄기로 약속했어요. 하지만 전쟁으로 에너지 공급이 크게 줄어들자 머뭇거렸어요. 그러자 독일 국민은 정부에게 약속을 지키라고 요구했습니다. 예정보다 3개월 늦었지만 결국 독일은 핵발전소 가동을 모두 멈췄습니다. 그러나 독일의 산업시설은 멈추지 않았어요. 핵발전소를 폐쇄하기 전부터 대책을 세웠기 때문이에요.

우리보다 햇볕이 약해도 지붕마다 태양광 발전을 위한 판을 붙였을 뿐 아니라 북쪽 해안에 풍력발전 시설을 많이 세우는 데 그치지 않았습니다. 시민과 충분히 의논하여 석탄화력발전소의 효율을 크게 높였어요. 화력발전소에서 전기만 생산한 게 아니라 지역 난방까지 돕도록 해서 에너지 효율을 향상시킨 거예요. 시민들도 집의 단열을 강화해 에너지 소비를 줄였다고 해요. 그 과정이 순탄하지 않았을 거예요. 다른 의견이 나오면 타협하고 합의한 결과죠.

자연이 만든 리아스식 해안에는 수많은 생물이 터를 잡고 번성합니다. 그런데 들쭉날쭉 복잡했던 리아스식 해안을 사람이 평탄하게 메워서 공항, 공단, 아파트단지, 핵발전소를 지었어요. 후쿠시마 핵발전소도 리아스식 해안을 직선으로 매립한 뒤 지은 거였죠. 일본과 우리나라는 물론 리아스식 해안을 가진 많은 나라에서 해양 생태계가 무너지고 재난이 발생했습니다. 태풍 피해가 커지는 데 그치지 않았어요. 2011년 3월에 발생한 일본의 후쿠시마 핵발전소 폭발사고는 돌이킬 수 없는 치명적 재난입니다. 현재까지도 사고의 여파가 큰 상황이죠.

일본 정부는 후쿠시마 핵발전소에서 나온 오염수를 2023년 8월부터 바다로 버리고 있습니다. 일본 어민 대부분은 물론이고 일본과 바다가 가까운 많은 나라가 핵 오염수 방출 계획을 반대하지

일본 후쿠시마 제1원전의 오염수 탱크. 일본은 2023년 8월 24일부터
핵오염수 방출을 시작했습니다.

만 일본 정부는 그 계획을 바꾸려 하지 않습니다. 핵 오염수에는
생명체에 위험한 방사성 물질은 있습니다. 그 사실을 아는 사람은
어떻게든 피하려고 노력하겠지만 바다의 생물에게는 선택의 여지
가 없겠지요. 바다 생물에게 전해진 방사성 물질은 먹이사슬을 타
면서 농축될 테고요. 그것을 염려하는 많은 사람들의 의견을 귀담
아듣지 않는다면 미래세대의 안전은 누가 책임질 수 있을까요? 아
직 태어나지 않은 미래세대의 목소리는 누가 어떻게 내야 하나요?

까마득한 옛날 파묻힌 화석연료를 한꺼번에 탕진한 인류의 탐
욕은 대기권에 온실가스를 쏟아 냈습니다. 사람들은 인류를 위한
일이라고 생각했죠. 덕분에 미래세대가 행복해질 거라 믿었는데,

시베리아의 영구동토가 녹고 한대림이 불길에 휩싸입니다. 생각이 짧았던 거죠. 이제 민주주의의 목소리는 미래세대까지 범위를 넓혀야 합니다. 미래세대의 행복한 생존은 물론이고 생태계의 안전까지 생각해야 합니다. 후쿠시마 핵 오염수를 바다에 버리는 일을 당장 멈추고 생태계와 미래세대의 생존을 생각하면서 대안을 논의하고 결정해야 합니다. 민주주의는 다양한 개성과 입장을 존중하며 배려할 때 빛이 납니다.

이웃 없는 삶은 존재할 수 없다

캐나다의 원로 환경운동가 데이비드 스즈키 David Suzuki 는 어린 시절 산과 들을 쏘다니며 살았다고 해요. 커서 유전학자가 되어 대학 강단에 섰지만 그는 생명을 기계처럼 다루면서 유전자를 분해하고 조립하는 생명공학을 찬성하지 않았어요. 돈벌이를 위한 유전자 조작과 위험천만한 핵발전소를 반대하면서 지구온난화를 예방하기 위한 행동에 나섰지요. 그는 자신의 이런 행동이 청년 시절 다채로운 동식물이 어우러진 자연에서 생태적 감수성을 배양한 덕분이라고 술회했습니다.

1992년 미국에서 발생한 'LA 폭동'에서 한 거리의 청년은 "소리만 들어도 어떤 총인지 알지요!" 하며 자랑했다고 미국의 게리 폴 나브한^{Gary Paul Nabhan}이라는 자연주의자는 개탄한 적이 있습니다. "건강하게 자란 청년이라면 소리를 듣고 무슨 새인지 알아야 하지 않나?" 안타까운 마음에 그는 학업성적 경쟁에 내몰리는 아이들을 구하자며 부모들을 설득했어요. 학교를 빠져나가 자연으로 탈출하자고 권하기도 했죠. 수많은 생물이 어우러진 자연에 정해진 틀은 없어요. 환경이 변화무쌍하며 다양하니 경쟁이 소용없죠. 교육도 비슷합니다. 수많은 개성을 배려하는 교육이라면 경쟁이 중요하지 않아요. '친구가 아니라 적!'이라고 생각하게 하는 입시 경쟁에 내몰린 아이들은 무척 외로울 거예요. 역사가 증명하듯, 남을 배려하는 삶을 배우지 못한 사람이 권력을 잡으면 위험한 인물로 변할 수 있어요.

스스로 배우고 깨달으면서 성장하게 이끌어주는 교육은 학생을 경쟁으로 내몰지 않습니다. 경쟁 사회에 이웃은 있을 수 없고, 이웃 없는 삶은 존재할 수 없어요. 생태계 없는 생존은 불가능하니까요. 그러므로 후손의 생존을 해치는 성공은 겉보기 아무리 화려해도 행복으로 이어지지 않을 거예요. 일찍이 전우익 선생님은 같은 제목의 책에서 "혼자만 잘살믄 무슨 재민겨"라고 우리에게 물었지요. 혼자 잘살자고 가혹한 경쟁에 돌입하면서 우리는 다양성을 잃었습니다.

콘크리트와 아스팔트, 속도와 성적으로 평가하지 않는 세상, 흙·강·사막과 얼음 세상을 생각해 봅니다. 어쩌면 가장 시끄러운 세상인지 모릅니다. 바로 자연이죠. 자연에서 태어나 자연으로 돌아갈 우리는 가족과 이웃의 축복 속에 먼 길 떠나는 노인을 배웅하면서 축제라 여겼습니다. 한 생명이 태어나 세상을 떠날 때까지 온 마을이 함께했습니다. 시끄럽지만 거기엔 질서가 있었습니다. 시끄럽게 의논하면서 상대의 생각을 이해하고 배려하는 세상에서 우리는 민주주의를 건강하게 만들어 갑니다.

신록이 펼쳐지는 계절 5월은 '청소년의 달'입니다. 자신의 철학을 다져 나갈 시기에 우리 청소년들은 어떤 일에 몸과 마음을 집중하나요? 우리 청소년들이 데이비드 스즈키처럼 산과 들로 뛰어다니면서 생태철학을 배양한다면, 이기기 위한 경쟁보다 배려를 배울 수 있을 텐데요. 그렇게 어른이 된다면 외롭지 않을 테고요. 조금 시끄러워도 자기와 다른 이웃의 목소리에 귀 기울이며 사회정의뿐 아니라 세대정의와 생태정의를 헤아리는 삶을 살 게 틀림없으니까요.

★ 함께 생각해요!
 1 '시끄러워야 민주주의'라는 말의 의미를 생각해 봅시다.

다양한 개성을 배려하는 기본소득

택시에 기본요금이 있듯 어떤 일에든 기본은 있습니다. 정해진 틀을 이야기하는 건 아닙니다. 막연하고 헷갈릴 때도 있지만, 일상의 생활이나 생각에도 범위가 있습니다. 잘 사는 일이나 옳은 생각의 기본은 무엇일까요? 어느 정도 범위 안이라야 잘 산다거나 생각이 옳다고 이해할 수 있을까요?

150년 전 미국의 철학자 헨리 소로우Henry Thoreau는 음식과 안식처만 있으면 되는 동물과 달리 인간은 옷을 더 요구한다고 지적했는데, 인간 삶의 기본은 어떤 모습일까요? 하루 세 끼와 집과 옷은 어느 정도 수준이 적당할까요? 삶의 방식에 따라 다르겠죠. 그리고 삶의 방식은 지역에 따라 문화에 따라 나이에 따라 다를 거예요.

의식주는 물론이고 깨끗한 공기와 물도 돈이 없으면 보장되지 않는 요즘, 기본적인 삶을 유지하려면 어느 정도의 비용이 들어갑니다. 기본적인 삶을 살아가는 데 필요한 개인의 비용을 '기본소득'이라 하기로 해요. 어떤 국가에 거주하는 시민 누구에게나 기본소득을 공평하게 제공한다면, 어떤 변화가 생길까요? 기본소득은 국가가 제공할 수 있고 어떤 단체가 제공할 수도 있어요. 만약 그런 일이 생긴다면, 사람들은 나태해지고 사회는 엉망이 될까요? 아니면, 사람 사이의 극단적 경쟁이 조금 줄어들까요?

기본소득에 관한 상상의 역사는 200년이 넘는다고 해요. 물론 긍정적인 상상입니다. 유럽의 한 연구자가 기본소득에 대한 의견을 시민에게 물었더니 "사람들이 술을 마시거나 허송세월로 태만해질 것"이라고 짐작하며 반대했다고 해요. 그러자 조사자는 다시 물었어요. "당신도 술 마시며 태만해질 것 같나요?" 그는 정색하고 대답했죠. "아니요! 나는 내 일을 계속할 겁니다. 다만 야근은 거절하겠죠."

그렇습니다. 기본소득은 단지 돈벌이만을 위해 원하지 않는 일을 억지로 해야 하는 압박에서 벗어나도록 우리를 도와줍니다. 기본소득은 가난한 사람에게 소득을 지원하는 복지 차원의 혜택이 아니에요. 기본소득은 개성을 찾고자 하는 삶을 안내하며 응원합니다. 노예가 아닌 인간다운 삶을 성원하는 거죠.

조건 없이 기본소득이 제공된다면

2018년 12월 10일 태안화력발전소에서 비정규직으로 일하던 24세 청년 김용균이 처참하게 사망했습니다. 그를 추모하는 모임의 주제는 "일하다 죽지 않게! 다치지 않게!"였다는군요. 기가 막히는 말입니다. 죽거나 다치려고 일을 하는 사람은 아무도 없잖아요. 위험하더라도 누군가 해야 하는 일이라면 안전장치가 완벽해야 하고, 어떤 사고라도 피해자의 처지에서 충분한 보상을 약속해야 하고, 약속은 반드시 지켜져야 정의롭습니다.

몇 차례 도전 끝에 취업에 성공한 청년 김용균은 기뻐했다고 그의 어머니는 전했습니다. 비정규직이라 급여가 만족스럽지 못해도 시간이 지나면 오를 것으로 여겼을지 모르죠. 당장 위험하더라도 익숙해지면 안전할 것이라 믿었고, 정규직이 되면 월급도 오를 것으로 기대했지만, 현실은 아니었어요. 석탄 가루 싣고 맹렬하게 이동하는 컨베이어는 악마의 뱃속이었어요. 안타깝게도 화력발전소의 작업 현장은 여전합니다. 그리고 위험한 일은 비정규직에 넘겨지죠.

대학 진학, 그리고 졸업 여부와 관계없이 젊은이에게 기본소득을 조건 없이 제공한다면 어떤 일이 생길까요? 친구들과 밥 먹고 술 마시거나 옷과 장신구를 사들이며 낭비할까요? 한두 달이라면 모를까 몸과 마음이 건강한 청년 대다수는 인생을 탕진하지 않을 게 틀림없습니다. 대학생이라면 과제물 정리를 미루고 아르바이트에 전전하지 않겠죠. 자신의 공부를 스스로 찾아가며 성장할 게 틀림없습니다. 직장을 가진 청년이라면 터무니없이 혹사당하거나 모멸감에 몸서리칠 일은 거부할 것입니다. 악랄한 기업주는 설 자리를 잃을 것입니다.

기본소득이 제공되었다면 청년 김용균은 화력발전소에서 희생되었을 리 없습니다. 정규직이든 비정규직이든 꿈을 가진 젊은이가 위험천만한 조건의 일자리를 자원할 리 없으니까요. 그러면 화력발전소는 석탄 가루 날리는 작업환경을 개선할 거예요. 전기요금이 오른다면 소비자는 대안을 찾을 것이고요. 사람들은 에너지 효율을 꼼꼼히 살피면서 낭비를 줄이려고 노력할 게 틀림없어요. 다분히 상상이지만 불길하지 않아요.

2022년 초여름, 에어컨이 필요 없던 캐나다에 섭씨 50도에 가까운 폭염이 엄습했습니다. 기후학자는 예외적 현상이 아니라고 했어요. 앞으로 계속 비슷한 일이 발생할 것이라는 말이었죠. 위기 앞에서 우리는 어떤 대책을 세워야 할까요? 화력발전은 기후변화를 촉진하는 확실한 주범입니다. 그래서 유럽의 많은 국가는 화석연료를 태우는 자동차와 비행기 이용을 억제하는 정책을 서두르죠.

기본소득이 제공된다면 은근히 경쟁을 부추기는 상품 광고에

우리나라는 매년 산업재해로 2천 명 넘게 사망합니다.

현혹되지 않는 개인은 이웃과 생태계, 그리고 내일을 먼저 생각할 것입니다. 저 상품이 광고처럼 정말 나에게 행복을 선사할지 따져보고 구입할 거예요. 그렇다면 수소차와 전기차가 정말 친환경인지 살피지 않을까요? 기후변화를 예방하기 위해 자동차가 없어도 불편하지 않을 삶을 먼저 궁리하지 않을까요? 대중교통이나 자전거를 이용하는 생활을 넘어 에너지 자립 마을에서 이웃과 건강한 음식을 나누며 미래세대의 행복을 먼저 생각하는 정책을 촉구하는 시민이 늘어날 것입니다.

기본소득이 이루어 나갈 세상

기본소득은 사회정의를 지향합니다. 사회정의가 살아 있는 사회에서 소비자는 생태정의에 눈을 뜰 거예요. 직원을 착취하는 기업은 물론이고 미래세대를 위협하는 화력발전과 핵발전, 다양성을 무시하는 농업도 거부할 것입니다. 후손이 누릴 행복을 빼앗으며 이익을 챙기는 행위는 용납하지 않겠지요. 고속도로를 위해 산을 파헤치는 정책에도 저항할 겁니다. 설악산을 빨리 편안하게 오르려고 산양의 터전을 허물고 케이블카를 놓자고 요구하지 않겠죠.

2019년 12월, 당시 독일의 메르켈 총리는 폴란드의 아우슈비츠를 찾아 다시금 사죄했습니다. 일본과 다른 점입니다. "노동이 그대를 자유롭게 하리라"라고 써 놓은 아우슈비츠 정문 안쪽에 강제 수용된 사람들의 공포는 끔찍했을 텐데, 비정규직을 외면하지 못하는 우리 청년들의 내일은 강제수용소와 얼마나 다를까요?

김용균의 어머니는 같은 사고가 반복되지 않기를 바라며 "비정규직 없는 세상, 노동자가 건강하게 일하는 세상"을 일구기 위해 김용균재단을 세워 활동하고 있습니다. 기본소득은 이 땅의 노동을 진정으로 자유롭게 만들 것입니다. 기본소득은 힘들고 더럽고 어려운 일자리를 강요하는 기득권을 무시할 자신감을 청년에게 배양할 것입니다. 공정하든 공정하지 않든 경쟁에서 승리해 특권을 독선적으로 행사하는 직종은 차차 힘을 잃을 것입니다. 물론 상상입니다. 경쟁에 치인 현실에서 미래세대의 행복한 생존을 장담할 수 없다고 여기는 사람들의 대안입니다. 유럽과 미국을 비롯해 우리나라를 포함한 많은 국가와 지역에서 이미 연구와 실험에 나섰습니다. 긍정적인 가능성을 엿봅니다.

그런데 기본소득의 재원은 어떻게 마련해야 바람직할까요? 세금으로 가능할까요? 공감대를 확장하며 차분히 논의해 나간다면 현실에 다가갈 수 있습니다. 청소년을 포함해 자기 자식의 내일을 먼저 생각하는 시민들과 충분히 의논하며 현실의 예산을 이용할 수 있습니다. 자동차와 건물을 위한 막대한 예산을 기본소득 재원으로 바꾸면 어떨까요? 미래세대의 생존에 위협이 되는 예산을 줄여 나가는 방법이기도 하죠.

기본소득은 지방자치단체도 어느 정도 감당할 수 있고 사회적 기업도 부분적으로 시도할 수 있지만 국가가 개인에게 제공하는 것이 원칙입니다. 당장 예산이 부족하다면 부분적으로 시작하고 사회적 합의를 거쳐 차차 범위를 넓힐 수 있습니다.

성인이 되어 막 사회에 나가려는 청년부터 제공하면 어떨까요? 취업에 쫓기지 않고 차분하게 평생 즐겁게 일할 자신의 내일을 스스로 준비해 나갈 수 있지 않을까요? 나이 들어 점점 무기력해지는 노인부터 제공하면 어떨까요? 직업 현장에서 떠나 생활비와 용돈이 없어 전전긍긍하지 않을 것입니다. 땅을 떠나지 않은 농부에게 먼저 제공하면 어떨까요? 건강한 먹을거리의 생산과 보급이 늘어날 거예요. 그런 농산물을 받는 도시의 소비자는 농민을 고맙게 생각할 게 틀림없고요.

지금 생각하면 기본소득이 막연하고 이상적으로만 느껴질 수 있습니다. 그러나 기본 생활비를 마련하기 위해 어떤 일이든 감수해야 하는 상황에 몰린 이들에게 기본소득은 최소한의 자존감을 세워 주고, 또 좀 더 건강할 내일을 준비하게 도울 것입니다. 행복한 상상에 청소년 여러분의 동참을 제안하고 싶어요.

★ 함께 생각해요!
1 기본소득에 대해 들어 본 적 있나요?
2 기본소득에 대한 각자의 생각을 이야기해 봅시다.

6

석유 없어도 행복한 삶을 향해

　2022년 12월 안토니우 구테흐스^{Antonio Guterres} 유엔 사무총장은 미국의 한 대학에서 "인간은 자연과 전쟁을 벌이고 있는데, 이는 자멸과 같다"라고 연설했습니다. 기후위기에 대한 대응을 촉구한 그는 "공기와 물이 오염돼 해마다 900만 명이 사망한다"고 하면서, 그 위험성이 코로나바이러스의 여섯 배에 달한다고 덧붙였습니다. 현재 추세로 "사람과 가축이 야생동물의 서식공간을 빼앗으면 더 많은 바이러스와 질병이 동물에서 옮겨 올 것"이라고 예견한 구테흐스 사무총장은 젊은이들에게 코로나바이러스감염증-19가 물러나면 "새로운 일상"을 열어 달라고 당부했습니다. 그가 원한 새로운 일상은 무엇일까요?

탐욕스러운 화석연료 과소비는 80억 명으로 늘어난 인간 사회에 코로나 팬데믹을 불러들였습니다. 잘사는 국가의 발 빠른 조처로 코로나바이러스는 건강한 사람의 생명은 크게 위협하지 않고 물러날 모양인데, 사람들의 화석연료 소비는 조금도 줄어들지 않았어요. 전기, 수소, 원자력으로 이름을 바꾼 에너지는 기후위기를 오히려 부추길 테니 걱정입니다. 생태계가 전혀 복원되지 않았으니 감염병이 새롭게 나타나 날 수 있어요. 미래세대는 한층 위험해질 거예요. 위기를 가까스로 넘긴 인류는 지속가능할 수 있을까요?

청년들의 행동과 목소리

미래학자는 현재 잘 나가는 직업 중 80%가 다음 세대로 넘어가기 전에 사라질 것이라고 예견합니다. 스스로 판단해 자동으로 움직이는 로봇이 많은 일자리에서 사람을 대신할 것으로 예측하죠. 자동차 조립은 물론이고 농업과 식당 서비스까지 로봇이 사람을 대신하는 세상에서 전염병과 기후위기는 전혀 다른 모습으로 다가올 것입니다. 인류는 경험하지 못한 재앙에 휩싸일 수 있죠. 에너지와 기후위기로 해안에 자리한 도시와 농토가 물에 잠기고 세계를 연결하던 농산물 공급망에 차질이 생긴다면, 대안은 무엇이어야 할까요?

기후학자들은 마음이 급한데 자식 키우는 사람들이 머뭇거리네요. 교육도 마찬가지예요. 대학입시에 매진하는 중고등학교는 물론이고 대학도 타성과 관성에 젖었어요. 사라질 직업에 대비하는 고민이 부족하니 청년에게 대안을 제안하지 못합니다. 대학이 직업학교는 아니지만 대학 전공과 연결된 직장을 선택하는 경우가 드문 것은 문제죠.

유엔 사무총장은 위기로 치닫는 기후변화의 실상을 마주하고 2022년 11월 이집트에서 열린 27차 '유엔기후변화협약 당사국총회'COP21에서 "우리는 '기후지옥'으로 향하는 고속도로 위에서 가속페달까지 밟고 있는 상황"이라며 열변을 토했습니다. "협력할지 멸종할지" 선택해야 할 시점이라고 세계 각국에게 경각심을 요구했는데, 우리나라를 포함해 세계 주요국의 관심은 여전히 기후위기가 아닙니다. 시민사회의 관심이 부족하기 때문이죠. 하지만 머지않아 상황이 바뀔 거예요. 시시각각 다가오는 기상이변을 번번이 무시할 순 없으니까요.

화석연료 과소비로 잘살아 온 국가의 정상과 기업인 들을 향해 청년의 "미래를 빼앗지 말라!"고 쏘아붙이고, "타오르는 지구의 불을 끄는 데 당장 행동하라!"고 요구해 온 청년 환경운동가 그레타

"기후위기로 인한 학교 파업"이란 문구를 세워 두고 국회의사당 앞에 앉은
그레타 툰베리.

툰베리Greta Thunberg는 기후위기 신호가 점점 분명해지는 스웨덴에서
행동합니다. 툰베리의 행동은 스웨덴을 넘어 세계의 청년에게 전
파되었고, 우리나라 역시 많은 청년단체가 탄생해 절박한 마음으
로 행동하고 있어요. 온실가스 배출을 줄이지 못하는 우리나라도
위태로운 건 마찬가지잖아요. 뜨거운 행동으로 일제와 군사독재정
권에 저항했던 선배들처럼 우리 청년의 행동과 목소리는 매우 진
지합니다.

생태문명은 대안이 아니라 인류 본연의 모습

환경단체는 '기후변화'라고 하지 않고 '기후위기'라고 말합니다. 시민사회에 경각심을 전하고 싶은 마음의 표현이죠. 유럽인들은 기후위기에 대응하지 않으면 미래세대가 멸종의 길로 들어갈게 명백하다며 '멸종저항운동'에 나섰고요. 그들은 정부와 기업을 대상으로 온실가스를 배출하는 경제성장에 저항하는 직접행동에 나섰습니다. 이미 멸종한 동물을 전시한 박물관 앞에서 피처럼 붉은 페인트칠을 하고 집회에 나서는데, 우리 청년들도 환경을 생각하면서 실제 기후위기를 부추기는 기업에 항의했습니다. 회의장에 들어가 목소리를 높이고 회사 상징물에 녹색 페인트를 칠했죠. 그린green으로 자신의 거짓을 위장했으니까요.

행동하는 시민의 목소리가 점점 커집니다. 민주주의를 자랑하는 국가는 시민의 요구를 외면하지 못하죠. 유럽의 많은 국가는 화석연료를 태우는 석탄화력발전을 줄이려고 나서고 자동차 회사는 화석연료를 태우지 않는 자동차를 연구하는 데 앞장섭니다. 느긋한 우리나라보다 진정성 있는 모습이에요. 하지만 한 지역의 노력만으로는 효과가 나타날 수 없어요. 경제성장의 달콤함에 취한 세계 곳곳의 시민들을 설득해 모두 함께 행동하도록 이끌어야 합니다.

20세기에 활동한 저명한 경제학자 케네스 볼딩Kenneth Boulding은

"경제성장이 계속될 것으로 믿는 자는 미치광이거나 경제학자"라고 신랄하게 비판했습니다. 지금은 21세기에요. 21세기는 불안하게 시작했더라도 행복한 22세기로 이어져야 합니다. 코로나19를 초대한 경제성장 신화는 계속될 수 없습니다. 신화를 멈추게 하려면 청년의 행동이 절실해요. 프랑스 인권운동가 스테판 에셀Stephane Hessel은 2013년 96세로 숨을 거두기 전까지, 청년에게 포기하지 말라고 말했어요. 분노하고 행동하여 세상을 바꾸라고 당부했죠.

짓밟힌 여성의 지위를 회복시키는 데 열정을 다한 글로리아 스타이넘Gloria Steinem은 시민운동의 소중한 덕목으로 '분노'를 꼽았습니다. 서슬 퍼렇던 일제와 군사독재가 물러가도록 청년이 분노했던 우리나라입니다. 청년에게 남은 행동이 있고, 그 의미는 절대 작지 않아요. 경제성장이라는 감언이설甘言利說을 앞세우며 탐욕을 거두지 않는 기득권에게 저항하는 행동은 시민단체만의 몫이 아닙니다. 내일을 송두리째 빼앗기기 전에 청년이 일어서야 합니다. 기득권의 눈치를 살피며 기득권에 들어가려 애쓰는 젊은이를 키우는 곳이 대학이라면, 오늘의 청년들이여, 대학입시에 열정을 빼앗기지 맙시다! 대학이 행복을 보장하지 않으니까요.

'지속가능한 경제'는 틀렸습니다. 경제성장 신화에서 벗어나야 합니다. 석유로 얻는 행복은 천박할 뿐 아니라 지속가능하지 않아요. 2019년 네덜란드 법원은 "탐욕스러운 경제성장이 이끈 기후위기의 파국은 정부가 책임지고 대책을 세워야 한다"라고 판결하면서 2020년까지 온실가스를 1990년보다 20% 이상 줄이라고 정부에 요구했습니다. 2023년 8월 14일 미국 몬태나주 법원은 기후소송에서 청소년들의 손을 들어 주었습니다. 후손의 내일을 생각하는 환경단체와 청소년이 제기한 소송에 대한 새로운 답변이었죠. 세계의 법원들도 생각을 바꾸기 시작했어요. 어쩌면 돌이킬 시간이 지났는지 모르지만 포기할 수 없죠. 내일을 지금보다 건강하게 누리려면 석유 없어도 행복한 삶을 모색하고 실천해야 합니다.

행복은 경쟁에서 승리해 찾는 물건이 아닙니다. 개성이 서로 다른 청년들이 누려야 할 행복은 다양합니다. 자신의 길, 행복을 찾았다면 당장 누리세요. 내일로 미루지 않길 바랍니다. 청년 시절에 마주하는 오늘은 더없이 소중합니다. 이웃과 생태계를 위험에 빠트리지 않는 선을 지키며 자유를 만끽하길 바랍니다. 나이와 학력은 내가 누릴 행복과 아무 관계가 없어요. 그런데 아무리 생각해도 경쟁을 부추기는 대학에는 기대할 게 없어 보입니다. 개성 있는 청년이라면 기득권이 띄운 신기루에 현혹되지 않을 거예요.

선진국 진입을 꿈꾸며 젊음을 허비한 어른들도 할 일이 있어요. 먼저 반성하고, 위기에 몰린 미래세대를 지키는 행동에 나서야 합니다. 행복을 보장하지 못하는 경제성장의 길을 우리 청년에게 여전히 요구할 수 없는 노릇이에요.

화석연료 과소비로 가능했던 경제성장은 기후위기를 불러왔을 뿐 아니라 생태문명에 파국을 초래했습니다. 경제성장을 강요하는 근대문명은 이제 물러나야 해요. 다양성을 이해하고 개성을 배려하는 생태문명은 대안이라기보다 지속가능하게 살던 인류 본연의 모습입니다.

★ 함께 생각해요!

1 기후위기에 대해 얼마나 진지하게 생각해 보았나요?
2 '지속가능한 세상'을 위해 지금 청년들이 해야 할 일은 무엇일까요?

이미지 출처

- 17(위), 85(위, 아래), 149, 175, 181(위), 191쪽: https://pxhere.com
- 17(아래), 131쪽: https://www.wallpaperflare.com
- 26, 43쪽: www.pexels.com
- 51쪽: https://pixabay.com
- 54쪽: https://illustrarch.com
- 58쪽: https://blog.soroptimist.org
- 69, 76, 104, 124, 135, 156, 163, 181(하)쪽: 위키미디어커먼스
- 95(위, 아래), 113, 141, 199, 207쪽: 헬로아카이브
- 214쪽: https://ndla.no